Pecco Becker

Projekt-
steuerung

Pecco Becker

Projekt-
steuerung

BIRKHÄUSER
BASEL

Inhalt

Einleitung

Aufgrund zunehmender Komplexität und steigender Nutzeranforderungen wird der Entstehungsprozess von Gebäuden immer vielschichtiger. Immer komplexere Zusammenhänge und Schnittstellen müssen in Planung und Ausführung gehandhabt und zu einem guten Ergebnis geführt werden. Auch sind die Ansprüche bezüglich der Einhaltung von Projektkosten, Qualitäten und der vereinbarten Planungs- und Bauzeit zu berücksichtigen und fordern den Projektbeteiligten ausgeprägte technische und organisatorische Fähigkeiten ab.

Damit ein Projekt nicht den Wirkungen von Zufall oder Irrtum unterworfen ist, muss es von Anfang an in geordnete Bahnen gelenkt werden. Auf Einflussnahmen von außen und Veränderungen während der Projektzeit muss ständig reagiert und Projektziele müssen überprüft und angepasst werden. Das anerkannte Project Management Institute (PMI, Pennsylvania, USA) legt als einen Grundwert des Projektmanagements Folgendes fest: „Die Reaktion auf Veränderung ist wichtiger als das Befolgen eines Plans." („Responding to change over following a plan.")

Hierzu werden in diesem Buch Planungs- und Steuerungstechniken vorgestellt, die der Projektleiter nutzen kann, um den Hauptanforderungen aus Kosten, Terminen und Qualitäten gerecht zu werden.

Das Bauprojekt

Bevor über die Aufgaben in einzelnen Projekten gesprochen wird, gilt es zunächst, den Begriff des Projekts zu definieren.

EINMALIGKEIT

Jedes Bauprojekt ist in gewisser Hinsicht einmalig. Das Projekt wird dabei durch eine neue oder modifizierte Aufgabenstellung definiert, die es vorher so noch nicht gegeben hat. Besonders Projekte, welche sehr individuell auf spezifische Anforderungen oder Nutzer ausgerichtet werden, werden als „Prototyp" geplant, gebaut und betrieben. > Tab. 1 Selbst wenn typisierte Projekte wie z. B. einzelne Gebäude einer Reihenhaussiedlung gleiche Voraussetzungen haben und mit denselben Planern und Bauunternehmen umgesetzt werden, können die Bauherren und deren Nutzeranforderungen sowie die Rahmenbedingungen sehr unterschiedlich sein. > Tab. 2

Ein Faktor für die Einmaligkeit eines Gebäudes ist seine Standortgebundenheit, also der Grund und Boden, auf dem es steht.

Anpassung an neue Situation

Mit der Individualität von Projekten ist zudem eine gewisse Komplexität verknüpft, da Routineabläufe, Strukturen und Methoden nur in Teilen anwendbar sind und immer wieder an neue Situationen angepasst werden müssen.

● **Beispiel:** Ein Bauträger errichtet seit Jahren Einfamilienhäuser und Doppelhäuser. Die Geschäftsleitung des Bauträgers möchte das Geschäft ausbauen und auch größere Bauvorhaben abwickeln. Solche Bauvorhaben sollen den Bauträger zudem deutlich von der Konkurrenz abheben. Er erwirbt von einer Kommune ein großes Stück Bauland, auf dem noch eine alte Kaserne steht. Der Bauträger plant, hier 35-mal den identischen Einfamilienhaustyp „A" zu bauen. Mit einer solch großflächigen Bebauung, gepaart mit dem vorhergehenden Abbruch bestehender Gebäude, hat der Bauträger somit keine Erfahrung. Er muss also eine größere Anzahl an Nachunternehmern beauftragen als bisher; es muss eine Erschließung der Grundstücke mitgeplant und -gebaut werden. Es müssen neue Projektbeteiligte für die Planung gefunden und andere Behörden in das Projekt eingebunden werden.

Tab. 1: Beispiele für Bauprojekte aus verschiedenen Bereichen

Wohnungsbau	Einfamilienhäuser, Doppelhäuser, Reihenhäuser, Mehrfamilienhäuser, Siedlungshäuser
Gewerbebau	Einkaufszentren, Ladenbau, Fachmärkte
Industriebau	Fabrikationsanlagen, Tankanlagen, Abfüllanlagen, Lagerhallen, Logistikzentren
Erholung und Freizeit	Golfplätze, Fußballstadien, Wettkampfbahnen, Parkanlagen
Gesundheitsbereich	Ärztehäuser, Krankenhäuser, Reha-Kliniken, Seniorenheime, Pflegeheime
Verkehr	Bahnstrecken, Straßen, Hafenanlagen, Flughäfen und -plätze, Tunnelbau
Öffentliche Gebäude	Hochschulbauten, Verwaltungsgebäude, Feuerwachen, Schulbauten, Turnhallen, Schwimmbäder
Versorgung	Kraftwerke, Freileitungsmasten, Glasfaserkabel, Gasleitungen, Trinkwasserleitungen, Windkraftanlagen
Entsorgung	Abwasserkanäle, Kläranlagen, Wasserwerke, Mülldeponien, Retentionsbodenfilter, Regenüberlaufbecken

Tab. 2: Beispiele für Unterschiede bei typisierten Reihenhäusern

Aus Nutzeranforderungen

- Fassadenfarbe
- Ausführung und Farbe der Dacheindeckung
- Fensterfarbe
- Ausführung und Farbe der Haustür
- Bodenbeläge
- Art, Größe, Qualität der Sanitärobjekte
- Art der elektrischen Verkabelungen

Aus örtlicher Lage

- Anschluss an die Entwässerung
- Straßenanschluss und Zuwegung
- Möglichkeit der Errichtung einer PKW-Garage
- Hanglage Baugrundstück
- Abwehr von Überflutungen
- Baugrund und Geologie

Aus der Nachbarschaft

- Blickdichte Einfriedung (Zaun, Hecke, …)
- Lärmschutzmaßnahmen
- Einschränkungen wegen Nähe zu anderweitigen Bauwerken (z. B. Strommast)
- Baulasteintragungen

TERMINE

Jedes Projekt hat einen definierten Anfang und ein definiertes Ende. Dazu kommen weitere, ebenso zwingende Terminvorgaben, die sich aus verschiedenen Bereichen wie beispielsweise der Planung oder der Bauausführung ergeben. > Tab. 3 Die Einhaltung der Terminvorgaben ist eine der zentralen Aufgaben des Projektmanagers. Wird mit modernen Abwicklungsmethoden wie BIM (Building Information Modeling) gearbeitet, werden die möglichen Ursachen und Folgen von Verzögerungen für alle Projektbeteiligten unmittelbar sichtbar.

Können vorgegebene oder vereinbarte Projekttermine nicht eingehalten werden, führt dies fast immer zu einem unerwünschten Dominoeffekt, da sich verknüpfte und abhängige Termine und Fristen ebenfalls ● verändern.

KOSTEN

Natürlich sind einem Bauprojekt neben den zeitlichen immer auch finanzielle Schranken gesetzt. Gerade beim Bauen müssen enorme Kosten geschultert und die entsprechenden Mittel zur Verfügung gestellt werden. Eine vorab bestimmte, klare Budgetvorgabe ist Grundlage jedes Projektes; die Einhaltung dieser Vorgaben ist ein zentraler Bestandteil eines effektiven Projektmanagements. Die Einflussmöglichkeiten auf die Projektkosten sinken generell mit fortschreitendem Projektverlauf. > Abb. 1 Während der Bedarfsermittlung und dem Vorentwurf kann durch Anpassung der Projektparameter und Anforderungen des Bauherrn der stärkste Einfluss auf die Höhe der Kosten genommen werden. In der Ausführung, kurz vor Projektabschluss, sind diese Steuerungsmöglichkeiten ausgeschöpft.

Gebäudelebenszyklus   Der projektbestimmende Faktor der Kosten wiegt umso schwerer, wenn man die langfristige Kapitalbindung einer Immobilie in ihrem Lebenszyklus berücksichtigt. Nicht nur die Erstinvestition bei Errichtung eines Bauwerks, sondern auch Folgekosten im gesamten Betrachtungszeitraum, wie Nutzungskosten, Kosten für Instandhaltung und Wartung, für Instandsetzungen und Modernisierungen bis hin zu Kosten für den Abbruch bzw. Rückbau müssen dabei im Auge behalten werden. > Abb. 2

● **Beispiel**: Ein verspätet genehmigter Bauantrag hat Auswirkungen auf den Baubeginn und in der Folge auf die Baufertigstellung. Gleiches gilt bei der verspäteten Lieferung wichtiger Bauteile, etwa von Fassadenfenstern. Derartige Verzögerungen können dazu führen, dass ein neues Gebäude nicht termingerecht bezogen werden kann und die alten Gebäude weiterhin angemietet bleiben müssen.

Tab. 3: Beispiele für Terminvorgaben am Bauprojekt

— Bereitstellung von Planungsgeldern

— Ablauf eines genehmigten Bauantrags

— Auslaufen einer bauaufsichtlichen Zulassung für Bauelemente

— Inkrafttreten neuer Bauvorschriften und Regelungen

— Fertigstellung von Bewehrungsplänen und Stahllisten für die Bestellung

— Trocknungszeiten für Estrich

— Bezugsfertigkeit der neuen Räume

— Zeitfenster für mögliche Anlieferungen von Schwertransporten

— Fertigstellung bestimmter Gewerke für Folgegewerke

— Annahmefristen für Fördermittelanträge

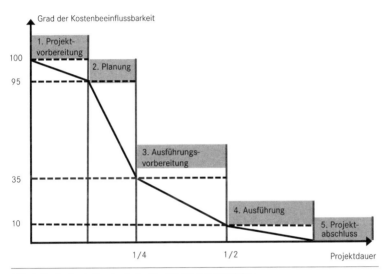

Abb. 1: Kostenbeeinflussbarkeit während eines Bauprojekts

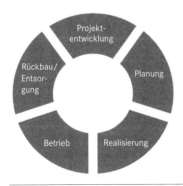

Abb. 2: Lebenszyklus einer Immobilie

QUALITÄTEN

Der Bauherr hat nicht nur das Interesse, dass die Termine und das Budget nicht überschritten werden; es besteht zusätzlich eine Erwartungshaltung bezüglich der Qualität des Ergebnisses im Hinblick auf die Nutzung und den Betrieb.

Qualitätskriterien Der Qualitätsbegriff umfasst mehrere einzelne Kriterien, die bei einem Bauvorhaben in Erscheinung treten können. Materialqualitäten beschreiben dabei beispielsweise Merkmale der verwendeten Baustoffe und Bauelemente; Funktionalqualitäten beziehen sich darauf, in welchem Maße das Gebäude auch tatsächlich seine Funktion erfüllt. Insbesondere bei öffentlich wirksamen Immobilien werden auch Faktoren der Gestaltungsqualität herangezogen. Die Durchführung eines Architekturwettbewerbs kann zu einem hohen Maß an gestalterischer Qualität beitragen. Auch an die Nachhaltigkeit der Entstehungsprozesse und des Gebäudes werden qualitative Anforderungen gestellt. Dies zeigt sich in allen Phasen des Immobilienlebenszyklus > Abb. 2, von der Planung bis hin zum Rückbau. > Tab. 4 Die Einhaltung dieser Qualitätskriterien ist eine Aufgabe, die das Projektteam in jeder Phase erfüllen muss.

Tab. 4: Beispiele für Nachhaltigkeitsqualitäten

Ökologische Qualitäten	— Energieeinsparung
	— Reduktion grauer/fossiler Energie
	— Nutzung unbedenklicher Materialien
	— Schadstofffreiheit
	— Primärenergiebedarf
	— Frischwasserverbrauch im Gebäudebetrieb
	— Flächeninanspruchnahme
	— Wiederherstellung natürlicher Flächen
	— Flächenversiegelungen
Soziale Qualitäten	— Sicherheit des Standortes und des Gebäudes
	— Bereitstellen von Sozial- und Kommunikationsflächen
	— Aufenthaltsqualitäten
	— Öffentliche Zugänglichkeit
	— Fahrradkomfort
	— Barrierefreiheit

MAGISCHES DREIECK

Die drei bestimmenden Indizes Kosten, Termine und Qualitäten befinden sich in unvermeidlicher Konkurrenz zueinander und bilden zusammen das sogenannte „magische Dreieck" > Abb. 3 und 4, auch „Spannungsdreieck" genannt. Das bedeutet, dass Änderungen an einem Index immer auch Änderungen an den beiden anderen Indizes mit sich bringen: Terminänderungen verursachen fast immer Kosten- und/oder Qualitätsveränderungen. Änderungen an den Qualitäten ziehen immer Abweichungen bei Terminen und geplanten Kosten nach sich usw.

Innerhalb dieses Spannungsdreiecks befindet sich das Projektziel; der Projektmanager muss zur Gewährleistung des Projekterfolgs seine Projektsteuerung auf dieses Projektziel ausrichten. Die Fläche des in Abbildung 4 von den drei Parametern aufgespannten Dreiecks stellt das Projektziel dar; sie ist eine fixe Größe, verschiebt sich aber bei veränderten Vorgaben entlang der Achsen. Auf dieser Abbildung sind die Auswirkungen von Veränderungen unmittelbar zu erkennen:

1. Wird eine höhere Qualität gewünscht, als zunächst festgelegt (der rechte Dreieckspunkt verschiebt sich weiter nach rechts), zieht dies höhere Kosten (der obere Dreieckspunkt verschiebt sich in Richtung des Koordinatenursprungs) und eine Verlängerung der für die Bearbeitung notwendigen Zeit (der linke Dreieckspunkt verschiebt sich in Richtung des Koordinatenursprungs) nach sich.
2. Wird eine kürzere Bauzeit gefordert, als ursprünglich vorgesehen, ergibt sich entsprechend daraus, dass a) Qualitätseinbußen hingenommen werden müssen und b) mehr Geld zur Verfügung gestellt werden muss.

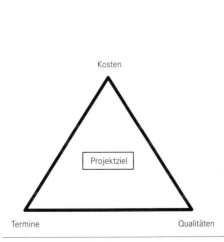

Abb. 3: Magisches Dreieck

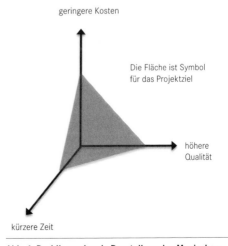

Abb. 4: Dreidimensionale Darstellung des Magischen Dreiecks

PROJEKTZIELE

Häufig kommt es vor, dass die Projektaufgabe an sich geklärt scheint, die zugehörigen Projektziele aber zu vielfältig oder auch gar nicht definiert und dokumentiert werden. Bei genauer Betrachtung handelt es sich oftmals gar nicht um Ziele, sondern um Wünsche, Träume oder Visionen. Die genaue, messbare und unmissverständliche Bestimmung von Projektzielen ist aber unabdingbar, da ansonsten der Projektmanager die Projektbeteiligten nicht steuern und führen kann. Beispielsweise ist die Forderung eines Bauherrn nach einer „bestmöglichen Wärmedämmung" ein vom Projektteam ernstzunehmender und zu berücksichtigender Wunsch. Jedoch handelt es sich nicht um eine Zieldefinition, da lediglich subjektive Bestandteile in dem Wunsch verankert werden. Jeder Projektbeteiligte wird diesen Wunsch anders interpretieren.

SMART-Ziele   Die sogenannte SMART-Methode hilft dabei, alle notwendigen Parameter zusammenzutragen und daraus das Ziel zu formulieren:

S – Specific (Spezifisch)
Ziele müssen spezifisch und eindeutig definiert werden.

M – Measurable (Messbar)
Ein Ziel kann nur erreicht werden, wenn es Messbarkeitskriterien enthält, anhand derer der Zielerreichungsgrad im Projektfortschritt bestimmt werden kann.

A – Accepted (Akzeptiert)
Es muss sich bei der Zieldefinition um akzeptable Kriterien handeln. Auch hier zeigt sich die Einmaligkeit eines Projekts: Was in Projekt A akzeptabel ist, muss es für Projekt B nicht sein.

R – Realistic (Realistisch)
Realistische Zielsetzungen sind Haupteinflussfaktoren in der Festlegung von Projekten. Bauprojekte scheitern regelmäßig daran, dass unrealistische Ziele vorgegeben werden, die auch durch das beste Projektmanagement und -team nicht erreicht werden können. Dies betrifft in den meisten Fällen unrealistische Vorgaben hinsichtlich Kosten und Terminen.

T – Timely (Terminiert)
Ein nicht terminiertes Ziel kann nie erreicht werden, weil die zeitliche Maßgabe ins Unendliche verschoben werden kann. Zur Zielerreichung muss immer ein fester Termin vorgegeben werden, damit der Projektmanager das Bearbeitungsteam entsprechend leiten kann.

Die konsequente Einhaltung der SMART-Regel fordert dem Bauherrn zu Beginn des Projekts viele konkrete Entscheidungen ab. > Tab. 5 Der Projektmanager und die Projektbeteiligten müssen ihn an dieser Stelle begleiten und fachkundig beraten. Bei der Abwicklung von Bauvorhaben mit digitalen Methoden (beispielsweise BIM – Building Information Modeling) müssen diese Festlegungen sehr frühzeitig getroffen werden. Alle notwendigen Ansprüche sind vom Auftraggeber von Anfang an zu benennen und fließen als sogenannte AIA (Auftraggeberinformationsanforderungen) in das digitale Gebäudemodell ein.

Typische Wünsche und Vorstellungen der Auftraggeber bei der Planung und Realisierung eines Bauprojektes sind beispielsweise:

— Optimale Nutzbarkeit des fertigen Gebäudes (Räume, Flächen, Funktion, Energieverbrauch, Lage, ...)
— Möglichst niedrige Projektkosten, hohe Wirtschaftlichkeit (Betriebs- und Folgekosten)
— Kostensicherheit von Projektstart bis Projektende
— Terminsicherheit (Verfügbarkeit des Gebäudes, finanzierungs- und kostenrelevante Meilensteine)
— Möglichst hohe Qualität unter Beibehaltung der vereinbarten Kosten
— Gute Gestaltung, ggf. attraktive Architektur
— Reibungslose und möglichst konfliktfreie Projektabwicklung unter Minimierung von Risiken
— Rechtssicherheit (Planungsrecht, Baurecht, Vertragsrecht, Gebäudebetrieb)
— Möglichst geringe Belastung des Bauherrn durch das Projekt
— Jederzeit Herr des Verfahrens sein und bleiben

Tab. 5: Beispiele für die Definition von SMART-Zielen

Nicht SMART	SMART
Ich möchte die bestmögliche Wärme-dämmung bekommen.	Die Gebäudehülle muss einen Wärmedurch-gangskoeffizienten (Wärmedämmwert) von 0,7 erreichen.
Wir müssen so schnell wie möglich die Planung fertigstellen.	Die Bauantragspläne müssen spätestens am TT.MM.JJJJ vom Bauherrn unterzeichnet beim Bauamt eingereicht werden.
Wir bauen nur die günstigsten Bodenfliesen ein.	Die Bodenfliesen im Kellerbereich müssen Rutschfestigkeitsklasse R11 haben und dürfen maximal 8,00 EUR/m^2 inkl. MwSt. kosten.
Die Innenwände sollen alle weiß sein.	Die gemauerten, innenliegenden Trennwände erhalten einen dispersen Farbanstrich im Farb-ton „reinweiß", Farbnummer 1234.

Die Vorstellungen der Bauherren gehen über das reine Planen und Bauen bzw. die Nutzung der Immobilie hinaus. Der Auftraggeber muss also durch das Projektmanagement so entlastet werden, dass er sich weiteren Aufgaben oder seinem Alltagsgeschäft widmen kann.

BETEILIGTE AM BAUPROJEKT

Bauprojekte mit ihrer Komplexität und ihren hohen Anforderungen an Kosten, Termine und Qualitäten können nicht von einer Person alleine bearbeitet werden. Vertreter vieler Fachdisziplinen und Sonderfachleute wie Gutachter müssen zeitlich vernetzt und miteinander im Team arbeiten. Das funktioniert nur, wenn das Projektteam geführt und gesteuert wird. Typische an einem Bauprojekt beteiligte Instanzen oder Personen sind beispielsweise:

1. Bauherr, Auftraggeber, Kunde
2. Objektplaner, Architekt
3. Projektmanager
4. Juristen und Notare für die Ausgestaltung von Verträgen
5. Politische Instanzen (Stadtparlamente, Lokalvertretungen, Bürgermeister, ...)
6. Finanziers, Kreditinstitute oder Investoren
7. Fachplaner für technische Gebäudeausrüstung (Haustechnik) oder Tragwerksplanung (Statik)
8. Sonderfachleute wie Vermesser oder Ingenieurgeologen
9. Ämter und Behörden (Bauaufsicht, Feuerwehr, Umweltschutz, Ordnungsamt, ...)
10. Versorger (Strom, Wasser, Telekommunikation usw.)
11. Entsorger (Abwässer)
12. Verantwortlicher Bauleiter auf der Baustelle
13. Fachbauleiter für spezielle Gewerke wie z. B. Brandschutz- oder Elektroarbeiten
14. Ausführende Baufirmen oder Generalunternehmer

O **Hinweis**: Bei der Betrachtung der Ziele muss der Projektmanager sich auch über sogenannte „Nicht-Ziele" Gedanken machen. Manche Bauprojekte beinhalten eine große Zahl von Zielveränderungen während der Ausführung. Dies muss sich nicht immer negativ auf das Magische Dreieck (siehe Kap. Magisches Dreieck) auswirken; solche Anpassungen können auch veränderten Grundlagen und Strategien entspringen. Um einer gewissen Willkür vorzubeugen, sollte von vornherein auch festgelegt werden, was ausdrücklich nicht Ziel eines Projekts sein soll.

15. Gutachter
16. Gebäudeerwerber oder -nutzer, Mieter usw.
17. Facility Manager und Instandhalter, Hausmeister
18. Versicherung

Je nach Projektparametern (Größe, Budget, Bauzeit, Komplexität) variiert die Anzahl und Art der am Bauprojekt beteiligten Personen, Institutionen und Behörden sowie der Zeitpunkt, zu dem sie jeweils in das Projekt einbezogen werden.

Der wichtigste Beteiligte eines Bauprojekts ist der Auftraggeber, auch Kunde oder Bauherr genannt. Er ist rechtlich, finanziell und wirtschaftlich für das Projekt verantwortlich und trifft die erforderlichen Entscheidungen. Somit ist der Auftraggeber die richtungsgebende Weisungsperson; er allein entscheidet über die Fortführung des Projekts, über die Wiederholung von Planungsschritten usw. Bauherr

Er muss nicht immer eine natürliche Person sein; ebenso können ganze Unternehmen als Bauherr auftreten. Bei Projekten der öffentlichen Hand oder von Unternehmen kann es mehrere Bauherrenvertreter gleichzeitig geben, die meist auch unterschiedliche Schwerpunkte in der Zielsetzung haben. Dies kann in der Unternehmensstruktur (Vorstand, Abteilungsleiter, Sachbearbeiter, Einkauf) oder in verschiedenen Ressorts (Bauabteilung, Zuständige für verschiedene Nutzungen, Gebäudeunterhalt etc.) begründet sein. So kann es etwa sein, dass einige Bauherrenvertreter besonders ökologische, nachhaltige und ressourcenschonende Bauweisen und -materialien wünschen, während andere ein möglichst kostengünstiges oder schnelles Bauen bevorzugen. Wieder andere Vertreter legen allergrößten Wert auf Architektur und Gestaltung oder die spätere flexible Nutzung des Gebäudes. > Kap. Projektziele

Der Architekt bzw. Objektplaner eines Gebäudes trägt die Generalverantwortung für die Planung und Ausgestaltung des Bauwerks. Dies umfasst nicht nur technisch-funktionale Aspekte, sondern beinhaltet zusätzlich Erwartungen an das Design und die gestalterische Ausarbeitung. Dazu muss er seine Planung und Bauüberwachung so gestalten, dass ein neues Gebäude allen Anforderungen der aktuellen Bauverordnungen und der Gesetzeslage entspricht. Architekt

Der Architekt ist zudem Kopf eines Planungsteams, das aus weiteren Fachplanern, Sonderfachleuten, Gutachtern usw. besteht. > Abb. 5 Alle Fachplanungsergebnisse muss er integral in seine Architektenplanung übernehmen und dabei darauf achten, dass alles in der Gesamtheit zusammenpasst und so eine dauerhaft funktionsfähige Immobilie entsteht.

Der Architekt ermittelt üblicherweise gemeinsam mit dem Bauherrn und/oder dem Projektmanager die Projektgrundlagen. Anschließend beginnt der gestalterische Prozess der Entwurfsplanung, der immer detaillierter wird und dann in die Ausführungsplanung, Ausschreibung und Vergabe sowie die Bauüberwachung mündet.

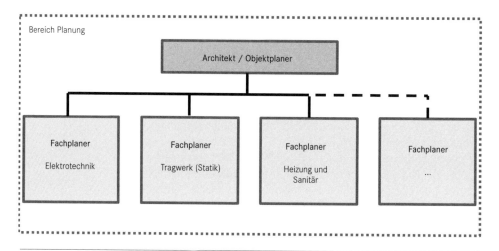

Abb. 5: Beispielorganigramm Planungsteam

Bauleiter

Während der Ausführungsphase des Projekts bedarf es einer Bauleitung auf der Baustelle. Der verantwortliche Bauleiter kann sich, ähnlich wie in der Objektplanungsphase der Architekten, eines Bauleitungsteams bedienen, in dem bestimmte Sondergebiete durch Fachbauleiter besetzt werden. > Abb. 6 Üblich sind beispielsweise Fachbauleiter für den Brandschutz, für Elektroarbeiten oder für technische Ausrüstung (Heizung, Klima, Lüftung, Sanitär).

Auch im Bauleitungsteam bleibt der Bauleiter allein dafür verantwortlich, dass auf der Baustelle alle Regeln des Arbeitsschutzes eingehalten werden. Er hat gegenüber den Baufirmen auf der Baustelle Weisungsrecht und optimiert bei Störungen oder Behinderungen die Bauabläufe vor Ort. Zudem sorgt er dafür, dass das Bauwerk entsprechend der Baugenehmigung und der Ausführungsplanung des Architekten sowie den gültigen technischen Regeln errichtet wird. Der Bauleiter begleitet das Bauprojekt während der gesamten Entstehungsphase bis zur Übergabe an den Bauherrn.

Projektmanager

Aus der Anzahl der Beteiligten mit verschiedenen Sichtweisen und Zielen ergibt sich die Notwendigkeit, alle Projektbeteiligten strukturiert und koordiniert zusammenzubringen, zu führen und zu steuern. Die Kommunikation innerhalb des gesamten Projektteams muss geregelt werden, damit alle Beteiligten das notwendige Wissen verwerten können und der Prozess zielgerichtet ablaufen kann. > Abb. 7 Diese und viele weitere Aufgaben übernimmt der Projektmanager.

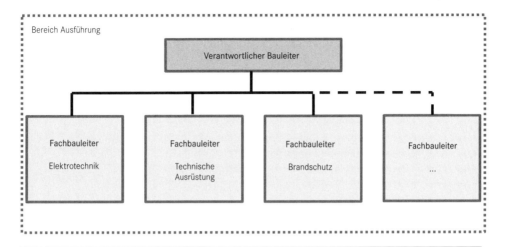

Abb. 6: Beispielorganigramm Bauleitungsteam

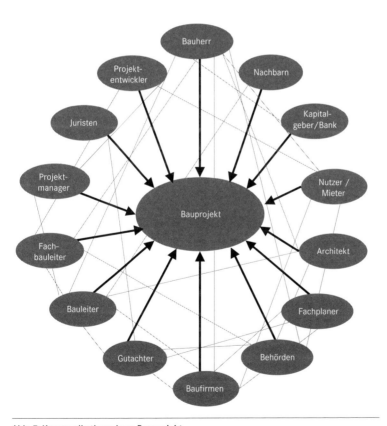

Abb. 7: Kommunikationschaos Bauprojekt

Bau-Projektmanagement

WOZU PROJEKTMANAGEMENT?

Bauprojekte sind wegen ihrer Einmaligkeit normalerweise nicht mit Routineabläufen zu bewältigen. > Kap. Das Bauprojekt, Einmaligkeit Die Besonderheiten, die ein Projekt ausmachen, erfordern ein spezielles Führungskonzept: das Bau-Projektmanagement. Der Projektmanager muss einen ständigen Überblick über die Gesamtaufgabe haben. Manchmal müssen übliche Herangehensweisen, Planungs- oder Bauabläufe aufgegeben werden, um ganz neue Ansätze für die Projektaufgabe zu finden. Anhand der Anzahl der Rahmenbedingungen lässt sich beispielsweise mit Hilfe einer Checkliste > Tab. 6 analysieren, ob die zu erledigende Aufgabe ein Projektmanagement erfordert.

Grundsätzlich liegt das Projektmanagement in der Verantwortung des Bauherrn. Dessen Aufgaben lassen sich in zwei Bereiche aufteilen, die in der Gesamtheit das Bauprojektmanagement ausmachen: > Abb. 8

— delegierbare Aufgaben → Projektsteuerung
— nicht delegierbare Aufgaben → Projektleitung

Bauherren sollten diese verantwortungsvollen und komplexen Aufgaben von Projektbeginn an in die Hand von Experten geben.

Tab 6: Checkliste Projektmanagement

Trifft zu?	Ja	nein
Die Rahmenbedingungen des Projektes sind geklärt und transparent.		
Die Aufgabe ist mit bisherigen Aufgaben der Projektbeteiligten nicht vergleichbar.		
Die Aufgabe ist sehr komplex.		
Für die Bearbeitung der Aufgabe werden Vertreter verschiedener Fachdisziplinen benötigt, die noch nicht oft zusammengearbeitet haben.		
Während der Bearbeitung müssen regelmäßige Besprechungen mit den Beteiligten durchgeführt werden.		
Die Aufgabe erfordert eine Leitung und intensive Betreuung.		
Die Aufgabe nimmt einen größeren Zeitraum in Anspruch.		
Die Aufgabe nimmt ein hohes Budget in Anspruch.		
Die Aufgabe birgt ein finanzielles Risiko.		

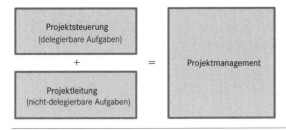

Abb. 8: Zusammensetzung des Projektmanagements

PROJEKTSTEUERUNG

Aufgaben und Leistungen aus dem delegierbaren Bereich werden vom Projektsteuerer wahrgenommen. Er ist in unterstützend-beratender Funktion eine Stabsstelle > Kap. Organisationsformen des Bauherrn und nicht entscheidungsverantwortlich bzw. nicht weisungsbefugt. > Abb. 9 Das bedeutet, dass er weitestgehend die gesamte Projektorganisation durchführt und dem Bauherrn zuarbeitet, Entscheidungsvorlagen vorbereitet usw.

Die Aufgaben der Projektsteuerung sind vielfältig und werden während des gesamten Vorbereitungs-, Planungs- und Bauprozesses bis zum Projektabschluss benötigt. Anders als der Architekt sollten Projektsteuerer bereits vor Beginn der Planung involviert werden, um gemeinsam mit dem Auftraggeber Planungsziele zu bestimmen, Rahmenbedingungen abzustecken und ein geeignetes Planungsteam zusammenzustellen.

Folgende Aufgaben kann der Bauherr beispielsweise deligieren:

Delegierbare
Bauherrenaufgaben

- Klärung und Konkretisierung der Aufgabenstellung
- Koordinierung und Kontrolle des Bauprojekts vom Anfang bis zum Projektabschluss
- Klärung und Aufrechterhaltung der Organisations- und Informationsstrukturen

Beispielhafte Darstellung
Projektsteuerung

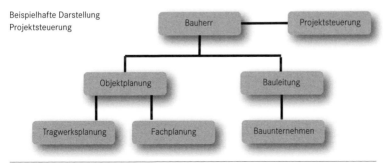

Abb. 9: Projektsteuerer in Stabsfunktion des Bauherrn

- Vertragsbearbeitung mit Planern und Ausführenden
- Koordination, Kontrolle und Steuerung der Projektbeteiligten
- Kosten- und Finanzierungsplanung, Erstellen von Zahlungsplänen
- Erstellen und Bewerten von Kostenrahmen, Kostenschätzungen, Kostenanschlag, Kostenermittlung
- Kostenverfolgung, -kontrolle und -feststellung
- Mitwirken bei der Definition der Qualitätsvorgaben und anschließende Überwachung
- Terminplanung und -überwachung
- Kontrolle und Steuerung von Änderungen
- Vergleich der Zielvorgaben mit den Ist-Werten (Soll-Ist-Vergleiche)
- Herbeiführen von Entscheidungen
- Projektdokumentation

Begriffsdefinitionen Für die Tätigkeiten der Projektsteuerung werden viele Begriffe verwendet, die zwar manchmal ähnlich oder gleich klingen, aber im Wesen doch sehr unterschiedlich sein können. Beispielsweise bergen die Begriffe „Prüfen" und „Überprüfen" scheinbar gleiche, aber doch deutlich zu unterscheidende Tätigkeiten. Während <u>Prüfung</u> die tatsächliche fachsachliche und inhaltliche Kontrolle bedeutet, soll die <u>Überprüfung</u> stichprobenartig erfolgen, also eine Plausibilitätskontrolle darstellen. Die wichtigsten und häufigsten Begrifflichkeiten der Tätigkeiten im Projektmanagement sind in > Tab. 7 zusammengestellt.

Tab 7: Tätigkeitsdefinitionen im Projektmanagement

Leistungsbild/Tätigkeit	Definition
Mitwirken	– Zusammenfassung und Bewertung aller Teilleistungen und Übermittlung an den Auftraggeber zur Entscheidung
Erstellen/Aufstellen	– Schriftliche Ausarbeitung eines Arbeitsergebnisses
Abstimmen	– Vorlegen von Arbeitsergebnissen beim Auftraggeber und Einholen der Zustimmung für die Umsetzung
Umsetzen	– Abgestimmte Prozesse über das Informations- und Besprechungswesen einführen und deren Einhaltung überprüfen
Fortschreiben	– Laufende Aktualisierung der erarbeiteten Unterlagen
Prüfen	– Umfassende inhaltliche Prüfung auf Vertragskonformität und Richtigkeit
Überprüfen	– Kontrolle eines abgeschlossenen Arbeitsergebnisses in Stichproben mit dem Ziel der Freigabe oder Zurückweisung der Arbeitsergebnisse – keine Detailprüfung – stichprobenhafte Kontrolle der Leistungsergebnisse auf Vollständigkeit, Plausibilität und Übereinstimmung mit den Projektzielen – Dokumentation der Stichproben
Analysieren und Bewerten	– Kontrolle eines laufenden Projektprozesses von Leistungen der Projektbeteiligten – Handlungsempfehlungen an den Auftraggeber
Steuern	– Zielgerichtete Beeinflussung der Beteiligten zur Umsetzung der gestellten Aufgabe

PROJEKTLEITUNG

Anders als der Projektsteuerer repräsentiert der Projektleiter den Bauherrn nach außen. Er ist in der Regel ein interner Mitarbeiter des Auftraggebers, darf Entscheidungen treffen und hat Budgetverantwortung. Der Projektleiter nimmt also keine beratende Stabsfunktion ein, sondern steht im direkten Linienverhältnis zum Bauherrn > Kap. Organisationsformen, ist diesem also unmittelbar untergeordnet. > Abb. 10

Zum Aufgabenspektrum der Projektleitung gehören beispielsweise folgende nicht delegierbare Bauherrenaufgaben: Nicht delegierbare Bauherrenaufgaben

- Definieren und Festlegen der Projektziele
- Bereitstellung der Mittel zur Projektumsetzung
- Treffen verbindlicher Entscheidungen beispielsweise für die Planung, von der Projektvorbereitung bis zum Projektabschluss
- Vertragsabschluss mit Planern, Gutachtern, Baufirmen usw.
- Zentrale Anlaufstelle für alle Beteiligten im Bauprojekt
- Konfliktmanagement während des gesamten Projektes
- Projektbezogene Repräsentationsaufgaben wie beispielsweise Grundsteinlegung, Richtfest, Eröffnung

In der Gegenüberstellung von Projektsteuerer und Projektleiter wird der Unterschied zwischen beiden Positionen bzw. Funktionen klar. Diese Unterschiede zeigen sich in den Aufgaben, Leistungen und in der Entscheidungsbefugnis, die sich im Organigramm widerspiegeln. > Abb. 11 Hauptunterscheidungsmerkmale

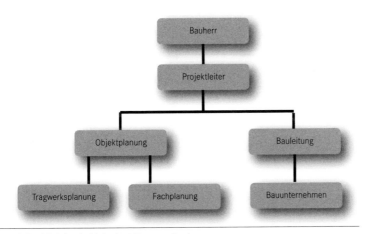

Abb. 10: Projektleiter in Linienfunktion zum Bauherrn

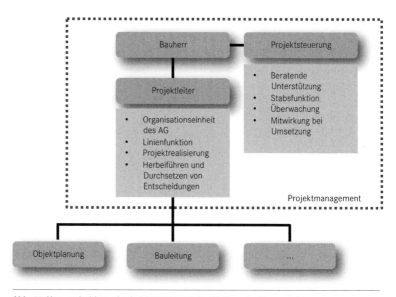

Abb. 11: Unterscheidung der Leistungen und der Stellung im Bauprojekt

VOLLMACHTEN

Um den Auftraggeber im Außenverhältnis als Projektleiter zu vertreten, benötigt der Projektleiter eine ausdrückliche Bevollmächtigung des Bauherrn, die ihn mit Weisungs-, Entscheidungs- und Durchsetzungsbefugnissen ausstattet. In einer solchen Vollmacht gilt es zu regeln, in welchem Umfang der Projektleiter Entscheidungen treffen darf und wann er Rücksprache mit dem Bauherrn halten muss.

Eine Bevollmächtigung ist kein Vertrag und keine beiderseitige Vereinbarung, sondern ein einseitiges Rechtsgeschäft in Form einer Dreiecksbeziehung. > Abb. 12

Der Machtgeber (hier: Bauherr) erteilt im Innenverhältnis eine einseitige Vertretungsvollmacht an den Machthaber (hier: Projektleiter). Der Projektleiter tritt dann in der Außenwirkung an die Stelle des Bauherrn; er kann wirksame Rechtsgeschäfte mit Dritten (beispielsweise mit Architekten, Gutachtern, Baufirmen usw.) abschließen. Ebenso darf er im Namen des Bauherrn Erklärungen an weitere Projektbeteiligte (sogenannte Dritte) abgeben. Beispielsweise darf der Projektleiter mit Behörden verhandeln oder Anforderungen an Ver- und Entsorger definieren. Die Rechtswirkung dieser Erklärungen betrifft aber grundsätzlich nur das Verhältnis des Bauherrn zum jeweiligen Projektbeteiligten. Die Rechte und Pflichten aus dem Rechtsgeschäft treten unmittelbar zwischen dem Bauherrn und der dritten beteiligten Instanz ein.

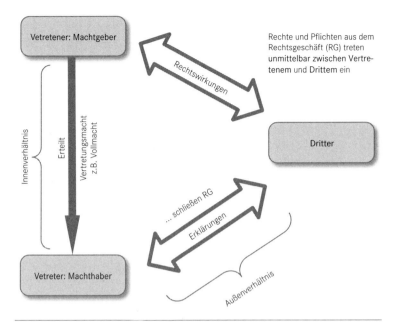

Abb. 12: Schaubild Vollmachtserteilung

Bei jedem Planungs- und Bauprojekt ist zu Beginn zu klären, welche Person über welche Vertretungs- bzw. Weisungsrechte verfügt und inwiefern Vollmachten begrenzt sind (z. B. Auftragserteilung nur bis zu einer gewissen Vergabesumme). Projektsteuerer und Architekt haben grundsätzlich keine Vertretungsvollmacht, sofern diese nicht explizit vom Bauherrn ausgestellt wurde.

● **Beispiel**: Der bevollmächtigte Projektleiter in einem Bauprojekt handelt mit einem Abbruchunternehmer einen Bauvertrag aus und schließt ihn ab. Bei den Abbrucharbeiten werden nach Rücksprache des Bauleiters mit dem Projektleiter zusätzliche Leistungen notwendig, die von der Abbruchfirma ausgeführt werden. Durch die Bevollmächtigung des Projektleiters sind die zusätzlichen Leistungen vom Bauherrn zu vergüten, da das Rechtsgeschäft zwischen dem Bauherrn und der Abbruchfirma zustande gekommen ist.

ORGANISATIONSFORMEN

Für umfangreiche oder komplexe Bauprojekte muss eine sinnvolle und zielgerichtete Organisationsform gewählt werden.

Organigramme Zur Veranschaulichung der Organisationsform sollte der Projektmanager unabhängig von der Projektgröße immer ein Organigramm aufbauen, da hier wichtige „Spielregeln" eines Bauprojekts grafisch dargestellt werden. > Abb. 5, 6, 9, 10, 13 Es sollte neben Aufgabengliederungen und Verantwortlichkeiten auch Kommunikations- und Entscheidungswege in einem Projekt zeigen. Der Detaillierungsgrad und die Darstellungsform eines Organigramms werden vom Projektleiter festgelegt: Es gibt keine allgemeingültigen Regelungen. Basis eines Organigramms sind aber immer die Anordnungsbeziehungen. Vertikalverbindungen beinhalten jeweils die Rolle eines Vorgesetzten (Leitungsfunktion) und eines Untergebenen. > Kap. Projektleitung Horizontale Verbindungen beschreiben eine unterstützende Querschnittsfunktion (Stabsstellen, Beratungsfunktion). > Kap. Projektsteuerung

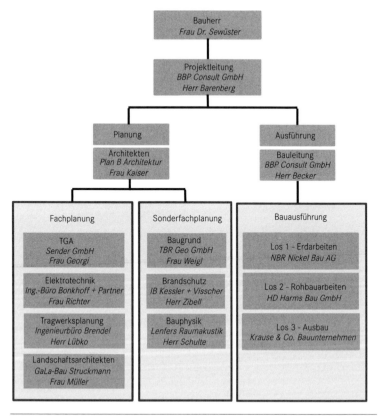

Abb. 13: Beispielorganigramm

Je nach Komplexität der gesetzten Ziele einer Baumaßnahme können Projektmanagementaufgaben auch unter mehreren Personen oder Teams aufgeteilt werden. Dies ist bei sogenannten Großprojekten üblich und praktikabel (als Großprojekt gilt beispielsweise der Neubau eines Flughafens, Gebirgstunnels oder Universitätscampus oder der Abbruch und Neubau einer Fabrikanlage usw.).

Um die Aufgabenfülle in Großprojekten zu strukturieren, eignet sich die Aufteilung in Teilprojekte oder in Aufgabenbereiche. > Abb. 14 Es ist wichtig, dass solche Teilprojekte klar gegeneinander abgegrenzt werden können, um Doppelbearbeitungen und Bearbeitungslücken auszuschließen. Teilprojektleiter übernehmen die Führung und Steuerung der jeweiligen Teilprojekte und berichten an den Gesamtprojektleiter, der weiterhin die Verantwortung für das Gesamtprojekt trägt und die Schnittstellen zwischen den Teilprojekten koordiniert.

Aufteilung in Teilprojekte

Ein zugehöriger Projektsteuerer kann zusätzlich übergeordnet als Stabsstelle dem Gesamt-Projektleiter zuarbeiten oder in den Teilprojekten beratend zur Seite stehen.

Alternativ zur Aufteilung in Teilprojekte kann das Bau-Projektmanagement auch in Arbeits- oder Aufgabenbereiche unterteilt werden. > Abb. 15 Beispielsweise kann das Termin- oder Kostenmanagement aus den Gesamtaufgaben herausgenommen und einzelnen Personen oder Teams mit entsprechender Qualifikation zugeordnet werden. Auch bei einer Aufteilung in Bereiche bleibt der Projektleiter gesamtverantwortlich.

Aufteilung in Aufgabenbereiche

Neben Teilprojektmanagern gibt es auch Projektmanager, die gleichzeitig mehrere unterschiedliche Projekte steuern. Solche sogenannten Multiprojektmanager sind häufig bei großen Unternehmen und Industriebetrieben, aber auch bei öffentlichen Auftraggebern anzutreffen.

Multi-Projektmanagement

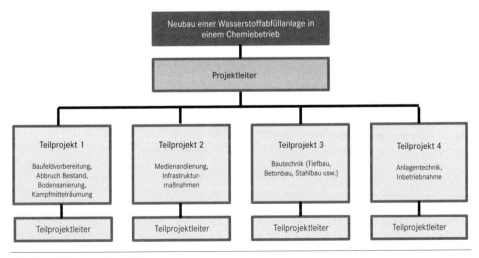

Abb. 14: Aufteilung in Teilprojekte

Abb. 15: Aufteilung in Aufgabenbereiche

Bei dieser Art der Projektorganisation müssen interne Ressourcen über mehrere Projekte hinweg koordiniert und gesteuert werden. > Abb. 16 Eine weitere Herausforderung im Multiprojektmanagement kann darin bestehen, dass unternehmensweit an verschiedenen, möglicherweise sogar global verteilten Standorten auch strategische oder logistische Ziele verfolgt werden, die sich auf alle Projekte gleichermaßen auswirken. Da gerade in der Industrie größtenteils im Bestand gebaut wird, muss zusätzlich auch immer sichergestellt sein, dass durch mehrere gleichzeitige Projekte nicht die laufende Produktion leidet oder die Erzeugnisse durch Bautätigkeiten Qualitätseinbußen erleiden.

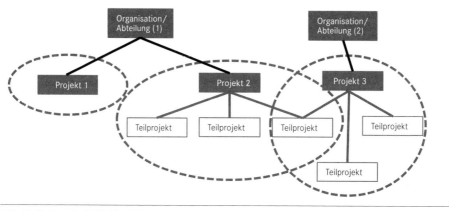

Abb. 16: Musterbeispiel Multiprojektmanagement

Die Stadtentwicklung in einer Kommune ist ebenfalls eine Multiprojektmanagementaufgabe, da beispielsweise parallel über Stadtbezirke oder Ortsteile hinweg die Schaffung von Gewerbeflächen koordiniert werden muss.

AUSWAHL DES PROJEKTMANAGERS

Bei der Organisation eines Projektes muss der Bauherr die Besetzung der Projektleitung klären. Stehen intern keine ausreichenden Kapazitäten zur Verfügung, können die Rollen des Projektmanagements an externe Personen oder Ingenieurbüros vergeben werden. Gerade bei sehr komplexen oder zeitkritischen Bauvorhaben hat es sich bewährt, spezialisierte Büros mit dem Projektmanagement zu beauftragen. So kann sichergestellt werden, dass z. B. spezielle Projektmanagementtools eingesetzt werden, eine möglichst hohe Expertise vorherrscht und die Aufgaben immer zielgerichtet bearbeitet werden.

Projektmanagement intern oder extern

Ähnliches gilt für Bauherren, die sich nur selten oder einmalig mit einem Bauprojekt beschäftigen. Meist sind dann die notwendige fachliche Kompetenz und insbesondere die Ressource Arbeitszeit nicht oder nicht ausreichend vorhanden.

Auftraggeber, die sich häufiger mit dem Thema Bauen befassen oder die sehr spezialisierte Bauaufgaben zu bewältigen haben (beispielsweise chemische Industriebetriebe, medizinische Produktionsstätten, Automobilindustrie, oft auch Städte und Gemeinden) verfügen meist über eigene Bauabteilungen, die das komplette Projektmanagement übernehmen können. Zur gleichzeitigen Bewältigung einer großen Anzahl von Bauprojekten, bei Personalknappheit oder bei außergewöhnlichen, komplexen oder kritischen Bauaufgaben bedienen sich aber auch solche Bauherren externer Unterstützung und beschäftigen eine externe „Bauabteilung auf Zeit".

Da der Projektleiter (intern oder extern) dem Auftraggeber berichtspflichtig und gegenüber dem Projektteam weisungsbefugt ist, trägt er eine große Verantwortung. Um die Aufgabenfülle zu bewältigen, sollte der Bauherr seinen Projektleiter gut und gewissenhaft auswählen. > Tab. 8 So wird gewährleistet, dass das Bauprojekt im Sinne des Auftraggebers erfolgreich abgewickelt wird.

Anforderungen an die Projektleitung

Tab. 8: Notwendige Fähigkeiten für Projektleiter

- Generelle Projektmanagementkenntnisse und allgemeines Managementwissen
- Motivation und Durchsetzungsfähigkeit, souveräner Umgang mit Autoritäten
- Bauspezifisches Wissen und Erfahrung
- Ausdauer, Belastbarkeit, Konfliktfähigkeit, Beherrschen diplomatischer Vorgehensweisen
- Vorleben von Kooperationsfähigkeit, keine Konkurrenzen erzeugen
- Begeisterungsfähigkeit
- Ganzheitliches und nachhaltiges Denken
- Problemlösungsfähigkeiten: nicht nur Probleme erkennen und aufzeigen, sondern stets verschiedene Lösungen vorschlagen
- Zwischenmenschliche und kommunikative Fähigkeiten, Erfahrungen in der Teambildung und -festigung sowie -motivation

Soft skills Erfahrungsgemäß sind es meistens nicht fachliche Schwierigkeiten im Projektteam, die ein Projekt scheitern lassen oder den Erfolg einschränken. Vielmehr führen gestörte soziale Beziehungen und Unklarheiten im Rollenverständnis oder in den Kommunikationswegen zu Problemen. Daher haben Soft Skills für einen Projektleiter einen genauso hohen Wert wie die fachlich-methodischen Fähigkeiten und Kompetenzen. > Kap. Projektkommunikation

PROJEKTORGANISATION

Die internen und externen Projektbeteiligten müssen vom Projektmanager rechtzeitig und zielgerichtet in das Bauprojekt eingebunden werden, damit sie ihre Leistungen und Arbeiten effektiv erledigen können. Um diese Aufgabenverteilung zu strukturieren, muss von Beginn eines Projektes an eine Projektorganisationsstruktur geschaffen werden. Inhalte einer funktionierenden Bauprojektorganisation müssen beispielsweise Zuständigkeiten, Verantwortungen und Befugnisse sein. Gerade bei Bauprojekten ist es unerlässlich, sich im Rahmen der Projektorganisation Gedanken zur Abdeckung der Schnittstellen zu machen, sodass es weder zu Doppelbearbeitungen noch zu Bearbeitungslücken kommt.

Schnittstellentypen Von Bedeutung ist hier die Unterscheidung der zwei Schnittstellentypen

— Simultanbearbeitung (parallel) > Abb. 18
— Übergabe von Ergebnissen (seriell) > Abb. 19

Simultanbearbeitung Simultanbearbeitungen treten bei Bauprojekten typischerweise innerhalb von Planungsphasen auf. Während der Architekt sich mit der Ausführungsplanung im Maßstab 1:50 befasst, konstruiert der Statiker das Tragwerk dazu und weist die Standfestigkeit nach, berechnet Deckenstärken oder notwendige Betonbewehrung usw. Parallel dazu planen die Fachingenieure die technische Ausrüstung, legen notwendige Schlitze und Durchbrüche in der Konstruktion fest usw. Der Projektleiter sollte gemeinsam mit den Architekten die Schnittstellen der Planung im Vorhinein festlegen und eindeutig zuordnen, welcher Beteiligte welche Leistung bringen soll.

Ergebnisübergabe Die Ergebnisübergabe ist der typische Schnittstellentyp in der Bauausführung, da in diesem Stadium die meisten Arbeiten auf vorangehende Leistungen aufbauen. Diese Schnittstellen können detailliert z. B. anhand von Schnittzeichnungen > Abb. 17 oder Schnittstellenlisten dargestellt ● werden. > Tab. 9

> ● **Beispiel:** Der Tiefbauer oder Erdbauer übergibt das fertige Erdplanum als Ergebnis an die Rohbaufirma, die mit Sauberkeitsschicht, Dämmung und Stahlbeton darauf aufbaut. Die ausführende Firma für Estricharbeiten übergibt die fertige Estrichoberfläche an den Fliesenleger, der seinen Bodenbelag darauf verlegt.

Tab. 9: Beispiel Schnittstellendarstellung Gewerke

Pos. Lfd.-Nr.	Leistungsbereich, Fachgewerk — Einzelleistungen, Schnittstellen, bauliche/technische Berührungspunkte, Koordination	Bauwerk			Technische Ausrüstung							Sonstige	
		Rohbau	Ausbau	Fassade	Sanitär	Heizung	Kälte	Lüftung	Elektro	GLT	Aufzüge	Außen	Nutzer
1	Ausbau – Hohlraum/Doppelböden												
1.1	Revisionsöffnungen inkl. Rahmen und Abdeckungen, auch in Brandschutzqualität		X										
1.2	Ausschnitte für Heizkörperanschluss, Leitungen im Bodenaufbau		X										
1.3	Ausschnitte für Luftauslässe in Hohlraum- bzw. Doppelböden		X										
1.4	Lieferung/Einbau von Luftauslässen in Hohlraum- bzw. Doppelböden							X					
1.5	Ausschnitte für Bodeneinbautanks in Hohlraum- bzw. Doppelböden		X										
1.6	Lieferung/Einbau von Bodeneinbautanks in Hohlraum- bzw. Doppelböden								X				
1.7	Lieferung und Einbau von Doppelböden in Elektroräumen inkl. Ausschnitte		X										
1.8	Lieferung und Einbau von Doppelböden in Serverräumen inkl. Ausschnitte		X										
1.9	Rahmen zur Aufnahme von Unterverteiler u. Datenschränken in ELT-/Serverräumen		X										
1.10	Lieferung/Montage von Doppelböden in MS-, Trafo- u. NSHV Räumen								X				
1.11	Anschluss der Doppelböden in Elt.-Betriebsräumen an den Potenzialausgleich								X				
1.12	Potenzialausgleich von ableitfähigen Bodenbelägen (wenn erforderlich)								X				

31

Beispiel: Fußbodenaufbau

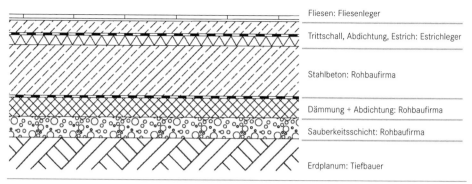

Fliesen: Fliesenleger

Trittschall, Abdichtung, Estrich: Estrichleger

Stahlbeton: Rohbaufirma

Dämmung + Abdichtung: Rohbaufirma

Sauberkeitsschicht: Rohbaufirma

Erdplanum: Tiefbauer

Abb. 17: Beispiel Schnittstellendarstellung Fußbodenaufbau

Der Projektleiter muss also in der Ausschreibungs- und Vergabephase des Bauprojekts gemeinsam mit den entsprechenden Projektbeteiligten festlegen, wo die Schnittstellen in der Ausführung liegen bzw. welche Leistungen welcher Vergabeeinheit / Ausschreibung zugeordnet werden.

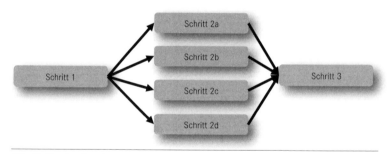

Abb. 18: Simultanbearbeitung

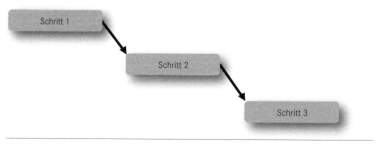

Abb. 19: Ergebnisübergabe

Die Projektorganisation muss bei jedem Projekt individuell ausgerichtet werden, um dem Umfang und dem Projektvolumen bzw. der Anzahl der Projektbeteiligten gerecht zu werden. Falls im laufenden Projekt strukturelle Probleme auftreten, ist die Projektorganisation anzupassen.

Intensität der Projektorganisation

Sind organisatorische Vorgaben zu eng gesteckt und zu komplex, wird das Projekt gelähmt, da die Struktur zu unflexibel ist und mehr Kommunikation nötig ist, um ggf. ineffiziente Strukturen zu kompensieren. Steckt der Projektleiter aber nur einen sehr groben, dehnbaren Rahmen ab, können sich Verantwortungsbereiche überschneiden, was unweigerlich zu Konflikten sowohl auf der Sach- als auch auf der Emotionsebene der Beteiligten führt. > Kap. Projektkommunikation Hieraus können sich Umstände ergeben, die im schlimmsten Fall den gesamten Projektfortschritt zum Erliegen bringen.

Für die Festlegung des notwendigen Organisationsbedarfs sollte sich der Projektleiter vorab mit einigen Fragestellungen zur Projektorganisation befassen und anhand der Ergebnisse die notwendigen Maßnahmen für das Projekt festlegen. > Tab. 10

Tab. 10: Fragestellungen zur richtigen Projektorganisation

Organisationsbedarf
Welches Bauvolumen hat das Bauprojekt?
Welche Komplexität ist zu erwarten?
Welche Projektdauer ist angesetzt?
Gibt es bereits vorhandene Strukturen, die am Projekt operativ mitwirken können?
Welche Anzahl von Projektbeteiligten ist zu erwarten?
Welche Erfahrungen haben die Projektbeteiligten mit dem Projektthema?
Welche Erfahrungen haben die Beteiligten in der Zusammenarbeit; wurden schon andere Projekte gemeinsam abgewickelt?
Wie wird die Planung durchgeführt (Architekturwettbewerb, Einzelvergaben, Generalplaner, Generalunternehmer, ...)?
Wie sollen die Bauleistungen vergeben werden (funktionale Leistungsbeschreibung, Leistungsverzeichnisse, Einzelvergaben, Generalunternehmer, ...)?
Wie wird das Projektteam intern organisiert?
Welchen Informationsbedarf hat der Bauherr?
Wie wird berichtet und kommuniziert?
Hat der Bauherr bereits Erfahrung mit ähnlichen Projekten? Gibt es vorhandene Organisationsstrukturen?
Welche Entscheidungswege sind beim Bauherrn vorgesehen?

Für die Abwicklung von Bauprojekten werden grundsätzlich drei Organisationsformen unterschieden:

Einflussprojekt-organisation Die so genannte Einflussprojektorganisation > Abb. 20 wird in großen Unternehmen überwiegend für Projekte eingesetzt, die eine kurze Laufzeit haben. Es wird kein eigenes Projektteam mit eigener Organisationsstruktur aufgebaut, sondern lediglich interne Mitarbeiter für die Bearbeitung eines Projekts abgestellt. Sie bleiben in der Weisungsverantwortung ihrer eigentlichen Vorgesetzten. Der Mitarbeiter hat in solchen Organisationsformen keine oder nur eine sehr begrenzte Kompetenz und meist keinerlei Weisungsbefugnis. Er nimmt also die Aufgaben eines Projektsteuerers wahr, indem er sich lediglich um den koordinierten Ablauf eines Projektes kümmert.

Matrix-Projektorganisation Die Matrix-Projektorganisation > Abb. 21 unterscheidet sich von der Einflussprojektorganisation dadurch, dass zwar ein weisungsbefugter Projektleiter eingesetzt wird, die internen Projektbeteiligten aber weiterhin in ihrer eigenen Linienorganisation mit ihren eigenen Vorgesetzten organisiert bleiben. Hier gilt es, Machtverhältnisse zwischen Führungskräften der Linien und des Projekts aufzuteilen, was zu Konflikten führen kann. Auch für die einzelnen Mitarbeiter können sich Konflikte ergeben, da sie im Projekt einerseits ihren Linienvorgesetzten und andererseits dem Projektleiter verpflichtet sind.

Reine Projektorganisation Bei Bauprojekten, die einen längeren Zeitraum in Anspruch nehmen, ist die sogenannte reine Projektorganisation üblich. > Abb. 22 Der Projektleiter wird vom Auftraggeber mit einer Vollmacht ausgestattet; die Projektbeteiligten folgen seinen Weisungen. Nach dem Abschluss des Projektes löst sich die Organisation auf und die Mitarbeiter widmen sich
○ neuen Projekten und Aufgaben.

○ **Hinweis**: Streng genommen sind die beim Bauprojekt üblichen externen Projektbeteiligten wie Architekt, Statiker, Fachplaner, ausführende Baufirma usw. einer Matrixorganisation unterworfen. Im Bauprojekt unterstehen sie zwar den Weisungen des Projektleiters, Vorgesetzte im disziplinarischen Sinne sind aber weiterhin die eigenen Arbeitgeber innerhalb des Architektur- oder Ingenieurbüros bzw. der Baufirmen. Aus Sicht des Projektmanagers handelt es sich aber dennoch um eine reine Projektorganisation, da die Beteiligten eigens für das Projekt hinzugezogen wurden.

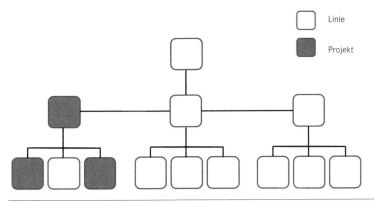

Abb. 20: Einflussprojektorganisation

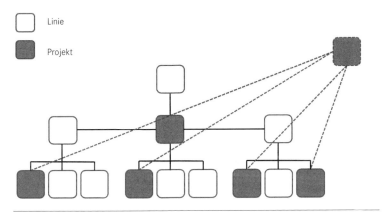

Abb. 21: Matrix-Projektorganisation

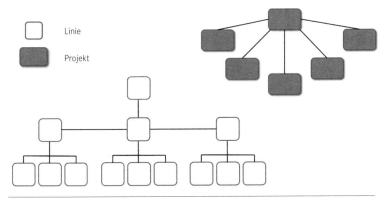

Abb. 22: Reine Projektorganisation

PROJEKTORGANE

Bei der Ausarbeitung der Projektorganisation muss sich der Projektleiter mit den Projektinstanzen befassen, also mit allen Mitgliedern des Projektteams, für die er verantwortlich ist. Mögliche Instanzen in einem Bauprojekt sind zum Beispiel:

— Auftraggeber
— Planung
— Ausführung
— Betrieb

Insbesondere bei komplexen Projekten, großen Auftraggebern oder auch oftmals in Gemeinden wird die übergeordnete Auftraggeberseite nochmals um die Instanzen Lenkungsausschuss und Fachausschuss ergänzt. > Abb. 23

Lenkungsausschuss Ein Lenkungsausschuss wird vom Auftraggeber beispielsweise als Bindeglied zwischen Unternehmensvorstand und Projektmanager eingerichtet und besteht in den meisten Fällen nur für die Dauer des Projektes. Der Projektleiter berichtet dem Lenkungsausschuss; dieser trifft dann im Sinne des Auftraggebers Entscheidungen und übergibt diese der Projektleitung zur Umsetzung im Projektteam. Zielveränderungen, Budgetentscheidungen usw. müssen im Regelfall ebenfalls vom Lenkungsausschuss genehmigt werden. Der Lenkungsausschuss kann für die Projektleitung hilfreich sein, wenn beispielsweise externe oder interne Experten kurzfristig hinzugezogen werden sollen.

Fachausschuss Beim Fachausschuss handelt es sich um ein ebenfalls speziell für das Projekt zusammengesetztes, temporäres Gremium, das dem Projektmanagement beratend und teilweise auch prüfend zur Seite steht. Die Mitglieder eines Fachausschusses treffen keine Entscheidungen, sollen aber die Projektleitung effektiv unterstützen und einen fachlichen Austausch
● ermöglichen.

● **Beispiel:** Der Stadtrat einer Gemeinde beschließt, eine Feuerwache für die Berufsfeuerwehr zu erweitern, da dort zusätzliche Feuerwehrleute untergebracht werden müssen. Die Projektleitung wird einem erfahrenen Mitarbeiter aus der Stadtverwaltung übertragen. Aus einigen Mitgliedern des Stadtrates wird ein Lenkungsausschuss gebildet, der als Verbindungsglied zwischen dem Bauprojekt (Projektleiter) und dem Bauherrn (Stadtrat) fungiert. Zusätzlich beruft der Stadtrat einen Fachausschuss, der aus Vertretern der Feuerwehr und des Rettungsdienstes besteht und den Projektleiter technisch-fachlich im Sinne der späteren Nutzer unterstützt.

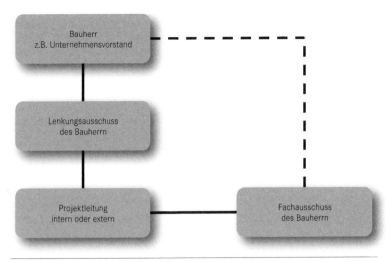

Abb. 23: Projektorgane

RISIKOMANAGEMENT

Projektrisiken sind generell Ereignisse, die die Zielerreichung hinsichtlich der Projektkenngrößen Kosten, Termine, Qualitäten negativ beeinflussen und so einen realen Schaden anrichten können. > Kap. Das Bauprojekt, Magisches Dreieck Um die Einhaltung der Projektziele zu gewährleisten, muss der Projektmanager offensiv mit Risiken umgehen und diese während der gesamten Projektlaufzeit kontrollieren.

Der Projektleiter muss jedes Bauprojekt vorab einer Risikoanalyse unterziehen, die Störfaktoren aufdecken, gegebenenfalls Schäden minimieren und einen „Plan B" bereithalten soll. Vorab muss eine entsprechende Handlungsstrategie entwickelt werden, auf die dann bei Risikoeintritt direkt umgeschwenkt werden kann. Die Projektleitung bleibt damit bei Risikoeintritt bzw. im Schadensfall handlungsfähig und kann sofort den vorab abgestimmten Ersatzweg beschreiten. Tritt ein Risiko unvorbereitet ein, müssen neue Planungen und Abstimmungen durchgeführt werden, was zu prozessbedingten Verzögerungen und Mehrkosten führen kann.

○
Risikoanalyse

○ **Hinweis**: Der Begriff „Risiko" wird manchmal auch als Oberbegriff für Unsicherheiten verwendet, die nicht nur negative, sondern auch positive Auswirkungen auf das Projekt haben können. Risiko wird dabei unterschieden in negative „Bedrohungen" und positive „Chancen". Wegen dieser nicht-intuitiven Verwendung der Begrifflichkeiten sollte der Projektmanager im Bauprojekt die Begriffe von Anfang an klarstellen.

Eine Risikoanalyse verhindert oder reduziert keine Risiken. Sie zwingt den Projektmanager und die Beteiligten aber dazu, sich vorab mit dem Eintritt zu erwartender Risiken auseinanderzusetzen. Wie das Projekt selbst, ist auch eine Risikoanalyse niemals statisch. Mit Projektfortschritt verschwinden über die Projektdauer gewisse Risiken, oder sie treten ein. Gegebenenfalls kommen durch neue Erkenntnisse weitere hinzu.

Risikogruppen Alle möglichen Risiken eines Bauprojektes aufzuzählen, ist unmöglich. Es gibt jedoch einige Hauptgruppierungen in der Risikoanalyse.
> Tab. 11

Externe Risiken Das Potenzial externer Risiken wirkt von außen auf das Projekt ein. Gerade beim Bauen können externe Risiken immens sein, da größere Bauvorhaben viele Menschen betreffen. Externe Risiken ergeben sich beispielsweise aus der Veränderung von Gesetzen, aus der Verschärfung von Brandschutzverordnungen usw. Bauprojekte unterliegen zudem besonderen Umweltrisiken. Da die Baustellenfertigung Wetter- oder Klimaeinflüssen ausgesetzt ist, entstehen witterungsbedingte Risiken (z. B. Kälteeinbruch, Starkregen). Auch politische Entscheidungen gehören zu den externen Einflüssen. Auf externe Risiken hat das Projektmanagement keinen direkten Einfluss.

Einen Sonderfall der externen Risiken stellen die Stakeholder dar. > Kap. Projektkommunikation, Stakeholder Diese sind zwar meist nicht unmittelbar am Projekt beteiligt, haben aber ein Interesse an der Wahrung oder Durchsetzung ihrer Ansprüche und Erwartungen.

Interne Risiken Interne Risiken stehen im Gegensatz dazu unter dem Einfluss der Projektleitung. Hierzu zählen beispielsweise Risiken aus Vertragsgestaltungen und aus der Auswahl der Projektbeteiligten und auch aus notwendiger Infrastruktur wie IT. Der Ausfall oder Virenbefall des Datenservers eines Projekts ist somit ein internes Risiko („Cyberrisiko"), für das der Projektleiter einen Ausweichplan vorbereiten muss.

Fachliche Risiken Fachliche Risiken ergeben sich aus der Leistungserbringung eines einzelnen Projektbeteiligten. Ein fachlicher Fehler kann beispielsweise sein, dass der Baggerfahrer einer Erdbaufirma den falschen Baggerlöffel montiert hat und somit einen Kabelgraben zu breit aushebt. Vermeidbar sind solche Fehler durch umfassende Information, Personalschulung oder Überwachung der Arbeiten.

Tab. 11: Haupt-Risikogruppierungen am Bauprojekt

- Externe Risiken
- Interne Risiken
- Fachliche Risiken
- Kaufmännische Risiken
- Planerische Risiken
- Umweltrisiken

Bei kaufmännischen Risiken geht es im weitesten Sinne um ein Marktrisiko. Bei einem Bauprojekt muss vorher abgeschätzt werden, ob beispielsweise die durch die Baukosten und weiteren finanziellen Einflüsse erforderliche Miete am Markt erzielt oder ob der Gebäudebetrieb kostendeckend gewährleistet werden kann. Kaufmännische Risiken

Planerische Risiken können vielfältig sein und sich bei Bauprojekten teilweise mit fachlichen Risiken überschneiden. Die falsche Beurteilung des Baugrundes ist beispielsweise sowohl ein fachliches als auch ein planerisches Risiko. Zu planerischen Risiken gehören unter anderem auch eine falsche oder unzureichende Stakeholderanalyse > Kap. Projektkommunikation, Stakeholder oder ein Fehler im Projektstrukturplan. > Kap. Steuerung des Planungs- und Bauprozesses, Instrumente Vermeidbar oder verringerbar sind diese Risiken durch Qualitätsmanagement, beispielsweise durch ein „Vier-Augen-Prinzip", bei dem Arbeitsergebnisse durch mindestens einen weiteren Beteiligten auf Plausibilität oder sogar inhaltlich geprüft werden. Planerische Risiken

Umweltrisiken sind meist externe Risiken, denn das gesamte Projektteam hat keinerlei Einfluss auf besondere Wetterlagen während der Bauausführung, sei es besondere Hitze oder besondere Kälte, Starkregenereignisse usw. Zu den Umweltrisiken gehören aber auch Risiken aus dem Umfeld eines Projektes, beispielsweise Bürgerproteste gegen ein geplantes Bauvorhaben. Umweltrisiken

Alle Risiken müssen vom Projektleiter ständig analysiert und bewertet werden. Die Ergebnisse der Bewertung müssen den Projektbeteiligten laufend mitgeteilt werden, damit sie in deren Bearbeitungen und Entscheidungen einfließen können. So wird gewährleistet, dass rechtzeitig Vorsorgemaßnahmen getroffen und eventuelle Gegenmaßnahmen geplant werden können. Wenn beispielsweise bei einer Abbruchmaßnahme aufgrund der Bestandspläne oder der Historie des Baufeldes das Risiko von Bodenkontaminationen besteht, müssen entsprechende Bodenerkundungen angestellt werden, um dieses Umweltrisiko zu bewerten und ggf. einzugrenzen.

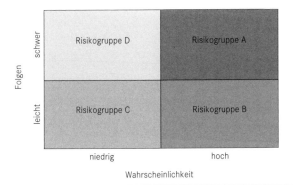

Abb. 24: Risikobewertungsmatrix

Eine Risikobewertung kann beispielsweise tabellarisch mit Bewertung der Eintrittswahrscheinlichkeit (von 0 % bis 100 %) und mit Einschätzung der Tragweite (von unmaßgeblich bis projektgefährdend) durchgeführt werden. Oftmals werden aus dieser Einschätzung Risikocluster gebildet, die die „Gefährlichkeit" der Risiken abbilden und somit Wichtigkeit und Dringlichkeit unterscheiden. > Abb. 24 Anhand der Risikocluster kann der Projektleiter entscheiden, welche Beteiligten zu welchem Zeitpunkt mit welcher Aufgabenstellung einzubinden sind.

INFORMATIONSWEGE

Berichtswesen Die Informationsweitergabe an alle Projektbeteiligten durch den Projektmanager in Form eines geregelten Berichtswesens ist maßgeblicher Bestandteil der Projektorganisation. Die Informationswege müssen vom Projektleiter fachlich-methodisch so aufgebaut werden, dass alle Beteiligten rechtzeitig mit den relevanten Inhalten versorgt werden. So wird gewährleistet, dass das gesamte Projektteam die definierten Ziele verinnerlicht. Das gilt nicht nur für Mitglieder des Projektteams, sondern auch für andere Stakeholder. > Kap. Projektkommunikation, Stakeholder Der Projektleiter muss dazu die Art der Übermittlung, die Inhalte und den Umfang der Informationen genau auf die Empfänger ausrichten.

Als Grundlage für Informationswege sollten folgende drei Grundbewertungen durch den Projektleiter (ggf. in Abstimmung mit dem Bauherrn) vorgenommen werden:

1. Push-Prinzip (oder: Bringschuld): Wer muss aktiv informiert werden? Die Stakeholderanalyse liefert hierzu die entscheidenden Informationen. > Kap. Projektkommunikation, Stakeholder
2. Pull-Prinzip (oder: Holschuld): In welchen Konstellationen müssen sich Projektbeteiligte Informationen eigenverantwortlich und termingerecht beschaffen?
3. Verantwortlicher für die Projektdokumentation: Wer ist grundsätzlich für die Projektdokumentation verantwortlich?

Dokumentation der Kommunikation Die Frage, welche konkreten Bereiche im Bauprojekt dokumentiert werden sollen, muss der Projektleiter beantworten. Genauso wichtig ist es, festzulegen, wer welche Art von Dokumentation erstellt und fortschreibt. Bauherren haben hier erfahrungsgemäß unterschiedliche Vorstellungen und Vorgaben; darüber muss sich der Projektleiter vorab informieren. Beim Einsatz eines elektronischen Dokumentenmanagementsystems, bei dem Daten automatisch versioniert, kategorisiert, abgelegt und an Beteiligte verteilt werden, erübrigt sich oftmals das Führen separater Dokumente, da das System alle Informationen in einer Datenbank zusammenfasst.

Jede Kommunikation in einem Bauprojekt zu dokumentieren, ist aufgrund der vielen Kommunikationswege nicht möglich. Wichtige Bereiche sind beispielhaft in Tabelle 12 aufgeführt.

Tab. 12: Beispielhafte Dokumentationsbereiche im Bauprojekt

‒ Planeingänge und -ausgänge, Planversand, Planfreigabe

‒ Kostenverfolgung und Kostenprognosen auf das Bauzeitende

‒ Baufortschrittsdokumentation, Terminplanfortschreibung, Meilensteinberichte

‒ Änderungsmanagement mit Dokumentation der zugehörigen Entscheidungen

‒ Projektstatusdokumente der Zielgrößen Kosten, Termine, Qualitäten

‒ Projektbuchhaltung mit Bauverträgen, Nachträgen, Mittelabfluss / Zahlplan

Die Dokumentation von Entscheidungen ist eine der wichtigsten Dokumentationsarten des Projektmanagements. In der Vorbereitung und beim Herbeiführen von Entscheidungen müssen alle wesentlichen Faktoren und die Auswirkungen einer Entscheidung oder Änderung auf die vereinbarten Projektziele benannt und beziffert sein. Dazu gehören auch die Darstellung verschiedener Varianten und eine abschließende Empfehlung des Projektmanagements. Die Entscheidung selbst trifft der Auftraggeber dann auf der Basis dieser Entscheidungsvorlage. > Abb. 25 Es hat sich zusätzlich bewährt, alle Einzelentscheidungen tabellarisch aufzulisten, damit alle getroffenen Festlegungen schnell zurückverfolgt werden können. > Tab. 13

Tab. 13: Beispielhafte Entscheidungsliste

Entschei-dungsvorlage	Thema/Inhalt	Erstellt am	Entschei-dung bis	Entschie-den am	Entschieden durch	Anmerkung
Nr. 01	Brüstungskanal	03.05.18	15.05.18	13.05.18	Herr Müller / AG	–
Nr. 02	Teppichboden	16.08.18	04.09.18	25.08.18	Herr Müller / AG	Teppichboden wird bestellt
Nr. 03	Glassystemwand	16.08.18	28.08.18	28.08.18	Herr Müller / AG	–
Nr. 04	Beschreibbare Metalloberflächen	05.10.18	16.11.18	10.11.18	Herr Müller / AG	Material wird bestellt
Nr. 05	Wandfarbe	16.08.18	28.08.18	24.08.18	Herr Müller / AG	–
Nr. 06	Sanitäreinrich-tungen	05.10.18	20.10.18	18.10.18	Herr Müller / AG	Sanitäreinrichtun-gen werden bis zum 30.10.18 geliefert
Nr. 07	Abhangdecke	20.05.18	07.06.18	07.06.18	Herr Müller / AG	Arbeiten können direkt beginnen

Status

Beispiel:
Aufgrund der Überschreitung des Projektbudgets ist zu prüfen, ob durch die Anpassung der gewählten Materialien (Oberflächen) hier Teppichboden unter Berücksichtigung der optischen wie auch insbesondere raumakustischen Anforderungen eine Kostenreduzierung möglich ist.

Variante 1 - Teppichboden Interface

Qualität

- Beschreibung der Qualität der Variante
- ggf. Fotos

Mehr- / Minderkosten

Bodenbelag	Einbau Bodenbelag: Interface, Employ	10.000,00 EUR
	Summe der Kosten	10.000,00 EUR
	vorh. Budgetstatus	300.000,00 EUR
	Auswirkung auf Budget	± 0,00 EUR
	Neuer Budgetstatus	300.000,00 EUR

Termine

Bodenbelag	Einbau Bodenbelag: Interface, Employ	10,0 Tag(e)
	Summe der Dauern	10,0 Tag(e)
	Auswirkung auf Fertigstellung	0,0 Tag(e)

Variante 2 - Teppichboden Desso

Qualität

- Beschreibung der Qualität der Variante 2
- ggf. Fotos
- Beschreibung der Abweichung zu Variante 1

Mehr- / Minderkosten

Bodenbelag	Einbau Bodenbelag: Desso, Stratos	7.000,00 EUR
	Summe der Kosten	7.000,00 EUR
	abzgl. Variante 1	10.000,00 EUR
	Summe der Kostendifferenz	-3.000,00 EUR
	vorh. Budgetstatus	300.000,00 EUR
	Auswirkung auf Budget	-3.000,00 EUR
	Neuer Budgetstatus	297.000,00 EUR

Termine

Bodenbelag	Einbau Bodenbelag: Desso, Stratos	10,0 Tag(e)
	Summe der Dauern	10,0 Tag(e)
	abzgl. Variante 1	10,0 Tag(e)
	Auswirkung auf Fertigstellung	0,0 Tag(e)

Empfehlung

Empfehlung für den Auftraggeber unter Berücksichtigung aller Rahmenbedingungen und der Budgetüberschreitung.

Entscheidung

Wir bitten um Ausführung der folgenden Variante:

☐ Variante 1 - Teppichboden Interface

☐ Variante 2 - Teppichboden Desso

....
Unterschrift, Datum, Ort

Abb. 25: Beispielhafte Entscheidungsvorlage Nr. 01

Anschließend muss geklärt werden, wie und wo die Dokumentation Dateiablagestruktur abgelegt wird. Bewährt haben sich gemeinsame Projektdatenserver beispielsweise in eigens geschaffenen, cloudbasierten Projekträumen. Allerdings sollte der Projektmanager eine Ablagestruktur (Ordnerstruktur) vorgeben und im Sinne des Teamgedankens auf Einhaltung bestehen. Ansonsten entstehen auf solchen Laufwerken oft Ordner und Dateien in einem Umfang, der den gesamten Datenbestand undurchsuchbar und unbenutzbar macht.

Eine mögliche Verzeichnisstruktur für ein Bauprojekt ist in Abbildung 26 dargestellt (Darstellung nur bis zur zweiten Ordnerebene).

Genauso wichtig ist es, gleichzeitig eine Dateinamensgebung vorzu- Codierung von Dateinamen bestimmen, damit alle Beteiligten sich zurechtfinden. Bewährt haben sich Dateinamen mit vorangestelltem Datum im englischen Format (Jahr-Monat-Tag). So ist auf den ersten Blick erkennbar, welche Datei die neuste oder die älteste ist. Hier wird der Projektmanager möglicherweise auf Gegenwehr der Projektbeteiligten stoßen, da jeder sein eigenes, gewohntes System nutzen möchte, das den geringsten Aufwand durch Umgewöhnung darstellt. Der Projektsteuerer muss motivierend steuern und alle Beteiligten von den jeweiligen Vorzügen überzeugen. > Kap. Projektkommunikation, Motivation Spätere Nutzer der Daten, also Projektbeteiligte, die erst im weiteren Verlauf des Projektes zum Team dazukommen, können sich so deutlich schneller in das Projekt einfinden und effektiv arbeiten. ●

Als Hilfestellung zur Ermittlung der Grundlagen des Berichtswesens dient eine Checkliste. > Tab. 14

● **Beispiel**: Für Dateien aller Art eines Bauprojekts wird folgende Dateinamencodierung verbindlich vorgegeben: JJJJ-MM-TT_Dateiersteller_Dateiempfänger_Kurzbeschreibung des Inhalts ggf. mit Versionierung oder Indexierung

Die erzeugten Dateien heißen dann beispielsweise:
– 2018-11-23_Becker_Lenkungsausschuss_Risikoanalyse Baugrund v1.xlsx
– 2018-12-01_Becker_Lenkungsausschuss_Risikoanalyse Baugrund v2.xlsx
– 2018-12-20_GeoConsult_Becker_Baugrunderkundung und Empfehlung.pdf
– 2019-01-10_Architekt_Becker_Grundriss 2. Obergeschoss Index d.dwg
– 2019-04-02_Becker_Mayer Abbruch_Bauvertrag Abbrucharbeiten mit Anlagen, unterschrieben.pdf
– 2019-03-15_Becker_Lenkungsausschuss_Rahmenterminplan v4.mpx

📁 0_Büro

  📁 1_Angebot

  📁 2_Vertrag

  📁 3_Rechnungen

  📁 4_Stundenberichte

  📁 5_Subunternehmer

  📁 6_Reisekostenabrechnung

📁 1_Projektmanagement

  📁 A_Organisation

  📁 B_Qualitäten + Quantitäten

  📁 C_Kosten

  📁 D_Termine

  📁 E_Verträge

  📁 F_Projektentwicklung

📁 2_Grundlagen

  📁 1_Grundlagenpläne

  📁 2_Fotos

  📁 3_Informationen

  📁 4_Eingang
    ◄ Auftraggeber

📁 3_Vorplanung

  📁 1_Vorlagen

  📁 2_Zeichnungen

  📁 3_Berechnungen

  📁 4_Berichte

  📁 5_Präsentationen

📁 4_Entwurfsplanung

  📁 1_Vorlagen

  📁 2_Zeichnungen

  📁 3_Berechnungen

  📁 4_Berichte

  📁 5_Präsentationen

📁 5_Genehmigungsplanung

  📁 1_Behörden

  📁 2_Zeichnungen

  📁 3_Berechnungen + Formulare

  📁 4_Bauantrag

  📁 5_Baugenehmigung

📁 6_Ausführungsplanung

  📁 1_Vorlagen

  📁 2_Zeichnungen

  📁 3_Berechnungen

  📁 4_Berichte

  📁 5_Präsentationen

📁 7_AVA

  📁 Los 1 - Abbrucharbeiten

  📁 Los 2 - Erdarbeiten

  📁 Los 3 - ...

📁 8_Bauausführung

  📁 1_Bautagesberichte

  📁 2_Memos + Vermerke

  📁 3_Fotos

  📁 4_Ausführende Firmen

  📁 5_Objektbetreuung

📁 9_Fachplanung

  📁 Anlagentechnik   📁 Infrastruktur

  📁 Arbeitsschutz   📁 Prüfstatik

  📁 Bodengutachten   📁 Schallschutz

  📁 Brandschutz   📁 Statik

  📁 EMSR   📁 Vermessung

  📁 Fördertechnik   📁 Wärmeschutz

  📁 HLS

📁 10_Gutachten

  📁 1_Grundlagen

  📁 2_Ortstermine

  📁 3_Ergebnis

Abb. 26: Beispiel für eine Dateiablagestruktur bis zur zweiten Ebene

Tab. 14: Festlegungen für das Berichtswesen

Checkliste Berichtswesen
— Welche Berichte, Protokolle, Informationspräsentationen sind anzufertigen?
— Wer ist Empfänger der Berichte?
— Welche Inhalte sollen den jeweiligen Empfängern präsentiert werden?
— In welcher Darstellungsform sollen die jeweiligen Berichte ausgefertigt werden? (Beispielsweise ausführliches schriftliches Besprechungsprotokoll der Planungsrunden, aber für die Geschäftsleitung des Auftraggebers stark komprimierte Darstellung in Präsentationsform)
— Wer erstellt die Berichte?
— Wer verteilt die Berichte und wie erfahren die Empfänger davon (beispielsweise separater Versand der Berichte per E-Mail für die Geschäftsleitung (Push-Prinzip) oder Ablage auf dem Projektserver mit der Verpflichtung der Empfänger, diese dort eigenständig einzusehen und abzuholen (Pull-Prinzip)
— In welcher Frequenz müssen die Berichte erzeugt werden?
— Bis zu welchem Zeitpunkt müssen welche Berichte erstellt werden?
— Wo und in welchen Ordnern werden die Berichte abgelegt?

BESPRECHUNGSWESEN

Zum geregelten Informationsaustausch im Bauprojekt dienen Besprechungen mit den jeweiligen Projektbeteiligten oder Projektinstanzen. > Abb. 27 Die Besprechungssystematik muss vom Projektleiter zu Beginn festgelegt werden. Aufgrund der Eigenheiten eines Bauprojektes und der prozessbezogenen Veränderungen im Projekt kann sie nicht allgemeingültig sein; sie lässt sich jedoch grob von der Anzahl und Art der Instanzen ablesen, die am Bauprojekt beteiligt sind. Sind viele Projektinstanzen in das Projekt involviert, müssen meist entsprechend zahlreiche Besprechungen mit den unterschiedlichen Teilnehmerkreisen durchgeführt werden.

Eine besondere Bedeutung hat das Kick-off-Meeting. Hier steht das gegenseitige Kennenlernen im Vordergrund. Der Projektleiter stellt die Projektaufgabe vor und gibt erste Kenndaten zu den geforderten Projektzielen an. Zu diesem Meeting sollten alle Beteiligten eingeladen werden und es sollte eine unbefangene und motivierende Atmosphäre herrschen. Jeder Projektbeteiligte erhält die Gelegenheit, sich selbst und seine Aufgaben am Projekt vorzustellen. Diese Besprechung sollte noch nicht dazu dienen, konkrete Anforderungen zu besprechen oder konkrete Arbeitspakete zu verteilen; es sollen vielmehr die Teamregeln vorgestellt und erläutert sowie alle Projektbeteiligten auf den gleichen Informationsstand gebracht werden. Auch bietet dieses Plenum die Möglichkeit, Kompetenzen, Verantwortlichkeiten oder Kommunikationsabläufe für das Gesamtprojekt darzustellen und die Projektorganisation zu erörtern.

Projekt-Kick-Off-Meeting

Turnusmäßig muss der Projektmanager den Auftraggeber oder den Lenkungsausschuss in einer Projektbesprechung über Fortschritte,

Projektbesprechung

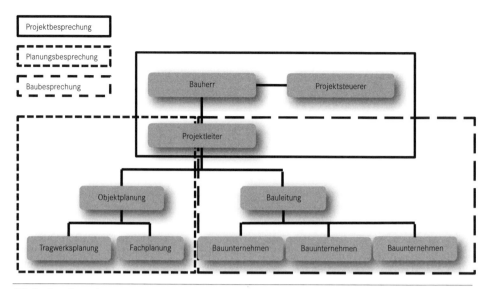

Abb. 27: Grundlegendes Besprechungswesen

Störungen, Risikoeintritte oder Verbesserungen informieren. Die Frequenz muss vorab gemeinsam festgelegt werden. Manche Auftraggeber wünschen einen sehr engen und häufigen Informationsaustausch; andere möchten nur über das Nötigste informiert sein, um Entscheidungen treffen zu können.

Planungs-
besprechungen

In der Planungsphase eines Projekts finden Planungsbesprechungen in einem engen Turnus statt. Hier können auf kurzem Weg Planungsdefizite und offene Punkte angesprochen sowie Planungsfortschritte und -ergebnisse dargestellt werden. In einer Diskussion können Probleme erörtert werden, über deren Lösung der Projektleiter selbst entscheiden kann oder die er in Absprache mit dem Lenkungsausschuss/Bauherrn lösen muss. Über Ergebnisse einer Lenkungsausschussbesprechung kann der Projektleiter ebenfalls in Planungsbesprechungen berichten und dem Team neue Arbeitspakete übertragen. Während der Ausführungsphase kann der verantwortliche Bauleiter ebenfalls an diesen Planungsbesprechungen teilnehmen, um Änderungen in der Ausführung unmittelbar an alle Planungsinstanzen weitergeben und erörtern zu können.

Baubesprechungen

Die Baubesprechung findet ab der Umsetzungsphase statt. Sie startet oftmals mit einem Baustelleneinrichtungsgespräch oder einem Baustellen-Kick-Off. Dazu werden alle beteiligten ausführenden Firmen eingeladen, um beispielsweise Grundregeln der Arbeitssicherheit oder der Baustellenordnung bekannt zu geben. An Baubesprechungen muss der Projektmanager generell nicht teilnehmen. Der Informationsfluss von der

Baustelle zum Projektleiter kann auch durch dieTeilnahme des Bauleiters an der Projektbesprechung gesichert werden. Gerade im Hinblick auf Motivation und Leistungsanerkennung kann es hilfreich sein, wenn der Projektleiter jedoch in regelmäßigen Abständen an der Baubesprechung teilnimmt. > Kap. Projektkommunikation, Motivation

In allen Phasen eines Bauprojekts können außerplanmäßige Bespre- Außerplanmäßige Besprechungen chungen notwendig werden. Der Teilnehmerkreis wird jeweils individuell von der Projektleitung zusammengestellt, um konkrete Fragestellungen oder Probleme erörtern und lösen zu können. Hierzu zählen beispielsweise:

— Gespräche mit Behörden oder der Feuerwehr, um z. B. unerwartete behördliche Auflagen zu diskutieren
— Besprechungen mit den Arbeitsschutzinstitutionen, dem Sicherheitskoordinator und Berufsgenossenschaften z. B. bei einem Unfall auf der Baustelle
— Besprechungen mit Baufirmen und dem Bauleiter, in denen z. B. strittige Nachtragsforderungen diskutiert und verhandelt werden
— Informationsbesprechungen mit politischen Vertretern und betroffenen Bürgern, um z. B. externe Risiken zu minimieren

Damit Besprechungen und Meetings effizient und für alle Teilnehmer Besprechungsregeln zufriedenstellend ablaufen, sollten folgende Grundregeln gelten:

1. Agenda: Zu einer Besprechung sollte vorab eine Agenda festgelegt und versendet werden. Bei wiederkehrenden Besprechungen wie Baubesprechungen während der Ausführungsphase hat es sich bewährt, eine immer gleiche Struktur der TOP (Tagesordnungspunkte) beizubehalten.
   Alle TOP sollten anhand der sogenannten IDE-Regel in die folgenden drei Schwerpunkte gegliedert werden:
   — Information (es wird über gewisse Sachverhalte informiert)
   — Diskussion (es soll ein aktiver Meinungsaustausch auf Basis der vorab übermittelten Informationen stattfinden) und
   — Entscheidung (Herbeiführen von Entscheidungen durch Beschluss in der Besprechung oder Festlegung durch den Projektleiter auf Basis der vorangegangenen Information und Diskussion)
2. Pünktliches Erscheinen: Warten auf andere Teilnehmer frustriert und demotiviert alle Besprechungsteilnehmer. Zudem drängt sich der unpünktliche Teilnehmer bewusst oder unbewusst in den Vordergrund, was dem Teamgedanken widerspricht. Hier muss der Projektleiter von Anfang entgegenwirken. > Kap. Projektkommunikation, Konflikte im Projekt

3. Aktive Teilnahme: Alle Besprechungsteilnehmer sollten sich beteiligen, Fragen stellen, eigene Ideen einbringen. Die Projektleitung sollte versuchen, passive Teilnehmer von vornherein mit einzubeziehen, indem er sie freundlich zur Beteiligung auffordert.

4. Probleme angehen, keine Schuldzuweisungen: Konstruktive Kritik als Feedback ist ein sehr gutes Motivationsmittel für alle Beteiligten. Der Angriff Einzelner verlagert Sachprobleme auf eine Emotionsebene, die nicht mehr zweckdienlich ist.

5. Ausreden lassen: Jeder Teilnehmer muss die Gelegenheit bekommen, auszureden und seinen Gedanken zu Ende darzustellen. Dies ist eine Grundregel des respektvollen Umgangs im Team.

> Kap. Projektkommunikation, Teamarbeit

6. Ausgeglichenheit: Der Projektleiter sollte stets im Auge haben, dass eine Besprechung nicht zur Eigendarstellung bestimmter Teilnehmer wird und diese große Redeanteile für sich beanspruchen. Das gilt auch für den Projektleiter selbst.

7. Keine Handys, Tablets oder Notebooks: Damit alle Besprechungsteilnehmer sich der Sache widmen, sollte ein Verzicht auf Kommunikationsgeräte vereinbart werden. Die Besprechung bleibt so effektiv und alle Beteiligten widmen sich der Sache. Inzwischen wird bei Besprechungen oftmals bewusst auf Tische verzichtet, um die Nutzung von Notebooks usw. von vornherein zu erschweren.

8. Besprechungen möglichst kurz halten: Es gibt immer Themen, die lange Sitzungen notwendig machen, weil die Sachinhalte von wesentlicher Bedeutung oder sehr umfangreich sind. Je kürzer eine Besprechung ist, umso größer ist die Wahrscheinlichkeit, dass die Teilnehmer aufmerksam sind und die Besprechung effektiv ist.

○ Hinweis: Trotz aller Besprechungen sollte der Projektleiter niemals das persönliche Gespräch vergessen. So ist er schneller und effektiver in der Lage, Konflikte zu identifizieren, das Klima im Team einzuschätzen und einzelne Projektbeteiligte gegebenenfalls aus der Reserve zu locken. Auch und gerade in persönlichen Gesprächen können auf emotionaler Ebene Konflikte im Keim erstickt und Einzelne motiviert werden (siehe S. 50).

Projektkommunikation

Zur Bewältigung der Projektaufgaben im Team muss der Projektmanager nicht nur über berufstypische fachliche und methodische Fähigkeiten verfügen. Vielmehr sind auch außerfachliche, fachübergreifende und persönliche Qualifikationen erforderlich. Diese benötigt der Projektleiter, um ein gutes Team zusammenzustellen, zu führen und zu steuern. ○

TEAMZUSAMMENSTELLUNG

Die erfolgreiche Arbeit am Bauprojekt setzt ein gutes und funktionierendes Team, bestehend aus internen und externen Teammitgliedern, voraus. Maximal in den ersten Projektstufen besteht ein Team aus aufeinander eingespielten Beteiligten. Im Bauprojekt besteht das Projektteam aus internen und externen Teammitgliedern. Alle müssen ihr aufgabenbezogenes Wissen einbringen und haben zusammen dafür Sorge zu tragen, dass die Projektziele auch tatsächlich erreicht werden. Eine der ersten Aufgaben für den Projektleiter besteht darin, alle für das Projekt erforderlichen Fachdisziplinen zu erfassen und in Abstimmung mit dem Auftraggeber oder Lenkungsausschuss zu besetzen.

Wird in der Startphase eine Funktion oder ein Projektbeteiligter nicht berücksichtigt, steuert die Projektleitung unwissend auf eine Lücke zu. Wenn diese auffällt, ist das Projekt schon weiter fortgeschritten und es ist sofortiges Eingreifen notwendig, was oft zu einer Unterbrechung der Projektbearbeitung führt. Manchmal müssen vorangegangene Projektschritte aufgrund der fehlenden Grundlagen, Informationen, Kenntnisse wiederholt werden. ●

Lücken im Team

○ **Hinweis**: Die Begriffe Projektmanager, Projektleiter und Projektsteuerer werden in diesem Kapitel synonym benutzt, da die beschriebenen Anforderungen und Aufgabenstellungen für alle Mitglieder und Funktionen des Projektmanagements zutreffen können.

● **Beispiel**: Der Projektleiter eines großen Neubauprojekts hat bei der Zusammenstellung der Projektbeteiligten versäumt, eine Ingenieurfirma mit dem Thema Kampfmittelanalysen im Boden zu betrauen. Erst nachdem die ersten Planungsphasen abgeschlossen wurden, fällt dieses Defizit auf, und es muss eilig nachbesetzt werden. Die Kampfmittelerkundung bringt dann Verdachtsflächen zum Vorschein, die von den zuständigen Behörden erst untersucht und sondiert werden müssen. Die zuständigen Kampfmittelämter bedingen sich aber eine Frist von sechs Wochen aus, um die Untersuchungen komplett abzuschließen. Während dieser Zeit ist unklar, ob der beabsichtigte Bodenaushub für den Neubau überhaupt wie geplant ausgeführt werden kann.

Die Einflussmöglichkeit des Projektleiters auf die Zusammenstellung der externen Teammitglieder ist eingeschränkt. Alle Beteiligten wünschen sich die bestmögliche Besetzung des Projektteams, die wenig Reibungspunkte verursacht und eine zügige Arbeit gewährleistet. Externe Fachplaner unterliegen aber einem Wettbewerb wirtschaftlicher oder inhaltlicher Natur. Die öffentliche Hand ist grundsätzlich angehalten, Leistungen öffentlich auszuschreiben und den Auftrag an den Bieter mit dem wirtschaftlichsten Angebot zu vergeben, sodass nicht immer die fachliche und soziale Kompetenz der Beteiligten oder gemeinsame Projekterfahrungen im Team ausschlaggebend sind. Bei privatwirtschaftlichen Projekten wird jeder aufgeschlossene Auftraggeber die Empfehlungen und Vorschläge des eigenen Projektmanagers für die Teamzusammenstellung annehmen und im Rahmen der Möglichkeiten versuchen durchzusetzen.

Die fachlichen Fähigkeiten der Projektbeteiligten sind ein wesentlicher Grundstein für die erfolgreiche Projektbearbeitung. Fachkompetent zu sein bedeutet, jederzeit in der Lage zu sein, die einschlägigen Fachkenntnisse und Fertigkeiten in sachbezogenen Fällen anzuwenden. Hinzu kommen notwendige methodische Fähigkeiten. Die Methodenkompetenz umfasst Fähigkeiten und Fertigkeiten, die erforderlich sind, um Fachwissen zu beschaffen und zu verwerten. Methodenkompetenz ist der Schlüssel, um Probleme zielorientiert zu lösen und gleichzeitig Fachkompetenzen weiter auszubauen.

Das Ergebnis der Teamzusammenstellung ist ein funktionierendes Projektteam, in dem alle notwendigen Funktionen und Rollen besetzt sind und eine ausgeprägte Teamfähigkeit herrscht.

TEAMARBEIT

Zur Teamfähigkeit gehören ein einheitliches Begriffsverständnis und einheitliche Kommunikation im Projektteam. Existiert dies nicht, sind Missverständnisse vorprogrammiert und die Projektziele gefährdet. Hierzu gilt folgender Merksatz:

Klarheit in der Sprache führt zu Klarheit im Denken führt zu Klarheit im Handeln!

Teamfähigkeit bedeutet Kooperationsbereitschaft. Jedes Mitglied im Team, egal ob Projektleiter, Architekt, Bodengutachter, Gerüstbauer oder Pflasterer auf der Baustelle, muss willens sein, sich in das Projektteam einzugliedern und gemeinsam das Projekt zum Erfolg zu führen. Verantwortungsübernahme und das richtige Rollenverständnis sind die Voraussetzungen für eine funktionierende Teamarbeit.

Damit das Team fachlich und sozial effizient zusammenarbeitet, muss der Projektleiter bestimmte Teamregeln durchsetzen. Diese sind keinesfalls starr; sie beziehen sich vielmehr immer auf die konkreten Erfordernisse eines Projekts und können dynamisch angepasst werden. > Tab. 15

Tab. 15: Vorschläge für Teamregeln

– Jeder Projektbeteiligte übernimmt seine aufgabenbezogene Verantwortung.
– Niemand im Projektteam hält Informationen zurück.
– Wenn ein Projektbeteiligter erkennt, dass Ziele in Gefahr geraten, spricht er das sofort an.
– Fehler können, dürfen und werden passieren. Schuldzuweisungen und Vorwürfe bringen das Projekt nicht weiter.
– Rückschläge stellen nicht sofort das gesamte Projekt infrage, sondern es wird Ursachenerforschung betrieben.
– Probleme können nur offen und gemeinsam gelöst werden.
– Welche weitergehenden Folgen haben getroffene Entscheidungen? Wie geht es weiter?
– Arbeitsergebnisse dürfen auf den Prüfstand gestellt werden.

FÜHRUNGSREGELN

Der Projektleiter muss generell eine Vorbildfunktion einnehmen, indem er die aufgestellten Teamregeln auch selbst einhält. Darüber hinaus muss er Aufgaben klar definieren können und Aufgabenpakete gerecht verteilen. Jedes Teammitglied muss sich als vollwertig verstanden wissen. Der Projektleiter muss sich um eine fachliche und emotionale Autorität bemühen, sollte aber Entscheidungen und Entscheidungswege so transparent wie möglich darstellen und begründen.

Für den Projektleiter gelten daher Führungsgrundsätze, die er verkörpern und nach außen tragen sollte. > Tab. 16

Tab. 16: Führungsgrundsätze

Grundregeln des Projektleiters
– Der Projektleiter sollte positiv denken und Teammotivation nicht durch negative Sätze zerstören („Das funktioniert doch nie im Leben!").
– Der Projektleiter sollte auf Änderungen flexibel reagieren.
– Der Projektmanager muss respektvoll und fair mit allen Projektbeteiligten umgehen.
– Die Autorität des Projektleiters generiert sich nicht automatisch aus seiner Position, sondern aus seinem Handeln.
– Der Projekterfolg ist immer ein Teamerfolg.
– Der Projektleiter zeigt maximale Identifikation mit der gestellten Projektaufgabe.

STAKEHOLDER

In jedem Projekt existieren indirekte Projektbeteiligte, die eher im Hintergrund agieren und nicht offensichtlich im Projektzusammenhang stehen. Sie können aus dem Auftraggeber-Umfeld stammen oder unbeteiligte Personen sein, wie beispielsweise Nachbarn, politische Gremien, Umweltschutzorganisationen oder von dem Bauprojekt nicht betroffene Abteilungen einer Firma. Hierbei handelt es sich um die sogenannten

○ Stakeholder.

Stakeholderanalyse Stakeholder kommen in jedem Bauprojekt vor, sind aber nicht immer gleich wichtig. Um zu unterscheiden, welche Einflussnehmer Probleme verursachen könnten, und um die Risiken aus diesem Umfeld zu bewerten, muss sich der Projektleiter mit diesen Gruppierungen befassen. Er muss eruieren, auf wen Rücksicht genommen werden muss und wer welchen Einfluss ausüben kann; dann ist er in der Lage, sich um diese Personen zielgerichtet zu kümmern und negative Einflüsse zu reduzieren, Widerstände und hindernde Projekteinflüsse auszuschalten. Eine Stakeholderanalyse > Tab. 17 sollte sich beispielsweise mit folgenden Fragen befassen:

— Gibt es Personen oder Personengruppen, die eine negative Einstellung zum Projekt haben?
— Wem schadet die Projektumsetzung? Wer ist besonders vom Projekt betroffen?
— Für wen ist die Projektumsetzung sogar von Vorteil? Wer hat eine besonders positive Einstellung?
— Wer möchte zwar keinen Einfluss auf das Projekt nehmen, aber regelmäßig informiert werden?
— Wer möchte über verdeckte Wege Einfluss auf das Projekt nehmen?

○ **Hinweis**: Der englische Begriff des Stakeholders kann nicht ohne Weiteres übersetzt werden. Im übertragenen Sinne handelt es sich dabei um Gruppierungen, die ein Interesse am Erfolg oder am Misserfolg des Projekts haben. Vereinfacht kann von „Einflussnehmern" gesprochen werden.

Tab. 17: Beispiel für eine Stakeholderanalyse

Stakeholderanalyse			
Projektname	Abbruch und Neubebauung Kasernengelände Dortmund-West		

Beschreibung der Ausgangssituation/Besonderheiten

- Erwerb eines ehemaligen Kasernengeländes durch die WohnBau AG der Stadt Dortmund
- Planung: Bestandsabbruch, Geländeerschließung, Neubau und Verkauf von Wohnhäusern
- Der Firmengründer der WohnBau AG ist als Senior-Gesellschafter im Unternehmen tätig.
- Die neue Zufahrtsstraße führt unmittelbar am benachbarten Kindergarten vorbei.
- Der eigene, angestellte Projektleiter der WohnBau AG ist von der Geschäftsführung nicht für das Projekt vorgesehen.
- Entscheidung Geschäftsleitung: Bestellung einer externen Projektleitung

Stakeholder	Welche Einstellung zum Projekt hat der Stakeholder?	Welchen Einfluss hat der Stakeholder?	Welche Maßnahmen sind zu treffen?
Senior-Gesellschafter	Positiv	Hoch, mittelbar, kann Wege bereiten	Ständige Information, Austauschgespräche
Kindergartenleitung	Negativ, Widerstand	Begrenzt	Informationsveranstaltung, Akzeptanz schaffen, Vorteile erläutern, ständige Information
Nicht berücksichtigter Projektleiter der Wohn-Bau GmbH	Mindestens Vorbehalte, vielleicht negativ	Mittel, kann negative Stimmung verbreiten	Als Experten für bestimmte Probleme in das Projekt holen, lose Austauschgespräche führen
Geschäftsführung der Wohn-Bau GmbH	Positiv, hohe Erwartungshaltung	Hoch, unmittelbar	Enge Abstimmungen, enges Berichtswesen
Anwohner	Vorbehalte	Gering	Akzeptanz schaffen, ständige Information
Benachbartes Seniorenheim	Positiv	Gering	Als positiven Vervielfältiger einsetzen

KONFLIKTE IM PROJEKT

Konfliktsituationen in Bauprojekten haben häufig inhaltliche und/ oder fachliche Gründe. Noch häufiger entstehen Konflikte auf der sozial-emotionalen Ebene zwischen Teammitgliedern oder zwischen Projektbeteiligten und dem Projektmanager. Die Projektleiter müssen dafür eine Sensorik entwickeln, diese Konflikte schnell erkennen, sich der Sache annehmen und sie auflösen. Konflikte bereinigen sich nur selten von alleine; generell muss der Projektleiter aktiv eingreifen. Verkennt er einen Konflikt oder wird nicht tätig, kann dies zu Akzeptanz- und Autoritätsverlusten im Projektteam führen.

Das Konfliktpotenzial im Bauprojekt ist aufgrund der Fülle von Projektbeteiligten und Stakeholdern sehr groß. Konflikte können sich aus Altersunterschieden, bekleideten Positionen oder zugewiesenen Kompetenzen usw. generieren und lassen sich in vier grundlegende Bereiche aufteilen:

1. Unrealistische Projektvorgaben (Termine, Kosten, Qualitäten)
2. Kontroverse Sichtweisen hinsichtlich der Projektziele und der Wege, diese zu erreichen
3. Missachtung von Teamregeln, fehlender oder nachlassender Teamgeist
4. Persönliche Konflikte zwischen Projektbeteiligten, Konkurrenz

Tab. 18: Beispielgründe für Durststrecken

Gründe für Durststrecken
— Die Projektbeteiligten stehen vor einem (gefühlt) unlösbaren Problem.
— Entscheidungen des Auftraggebers stehen aus.
— Es ist unklar, wie und/oder ob das Projekt weitergeht.
— Der Bauherr ist mit einem Zwischenergebnis, z. B. dem fertiggestellten Bauentwurf, nicht zufrieden.
— Nachlassende Motivation der Projektbeteiligten

Der Projektleiter muss diese Bereiche immer im Auge behalten, Störungen erkennen und gegebenenfalls konsequent Gegenmaßnahmen ergreifen.

Hat der Projektleiter einen Konflikt erkannt, sind Schuldzuweisungen zu vermeiden. Die Konfliktlösung erfolgt kooperativ mit den Beteiligten, beispielsweise in gemeinsamen Besprechungen.

Bei emotional geprägten Konflikten muss der Projektleiter eine sachliche Auseinandersetzung anstreben. Für die Lösung solcher Konflikte gibt es kein standardisiertes Vorgehen; der Projektleiter muss die aktuelle Situation und die vorherrschenden Randbedingungen korrekt einschätzen und ist dabei auf seine Erfahrung und sein Einfühlungsvermögen angewiesen.

Eine spezielle Konfliktform ist die sogenannte Durststrecke. Durststrecken entstehen besonders bei langwierigen Projekten. Die Beweggründe dafür können vielfältig sein. > Tab. 18 Die Projektleitung muss in solchen Fällen das Projektteam (neu) motivieren.

MOTIVATION

Zu Beginn eines Bauprojekts sind alle Projektbeteiligten hochmotiviert, die neue, komplexe Projektaufgabe anzugehen und bestmöglich zu meistern. Der Wunsch, Fehler oder Misserfolge eines vergangenen Projektes auszumerzen oder gute Methoden aus der Vergangenheit diesmal noch besser und noch effizienter anzuwenden, sind Grundbestandteile der Motivation zu Projektbeginn. Neben den Durststrecken gibt es in Bauprojekten viele weitere Gründe für abnehmende Motivation der Projektbeteiligten, die sogenannten Motivationskiller. > Tab. 19

Motivationstiefs   Um nachlassender Motivation entgegenzuwirken, müssen Aufgabenpakete so zusammenstellt und verteilt werden, dass Motivationskiller von vornherein ausgeschlossen werden. Muss von der Projektleitung die Motivation im Team wiederhergestellt werden, gilt es, zunächst die Ursachen für den Motivationsmangel zu analysieren. > Kap. Teamarbeit

Feedback   Ein einfaches, aber wirksames Mittel zur Motivation ist (positives) Feedback des Projektleiters an einzelne Projektbeteiligte oder an Projektinstanzen, beispielsweise das Planungsteam oder das Bauleitungsteam. Auftraggeber handeln oft nach dem Motto „Nicht geschimpft ist Lob genug!" und schalten sich nur bei Problemen aktiv in das Projekt ein. Der Projektleiter muss entgegengesetzt handeln und agieren, Gespräche suchen und Feedback geben. Dies vermittelt den Beteiligten unmittelbar, dass ihre Arbeit wahrgenommen und geschätzt wird und die Ergebnisse oder Zwischenergebnisse wichtig für das Projekt sind.

Hierunter ist auch negatives Feedback in Form von sachlicher Kritik zu verstehen. Entgegen vieler Befürchtungen entsteht aus negativem sachlichem, themenbezogenem Feedback selten ein Konflikt.

Wenn die Projektleitung grundlegende Motivationstipps befolgt, ist das Projektteam effektiver und das Konfliktpotenzial von vornherein gesenkt. > Tab. 20

Tab. 19: Gründe für nachlassende Motivation

— Für die gestellten Anforderungen und Aufgaben ist der Projektbeteiligte zu unerfahren und fühlt sich dadurch überfordert.
— Der Projektbeteiligte ist für die gestellte Aufgabe überqualifiziert und/oder unterfordert.
— Einzelne Projektbeteiligte sind durch zu viele andere Projekte überlastet.
— Der eigene Handlungs- und Entscheidungsspielraum ist durch zu enge oder zu starre Projektorganisation eingeschränkt.
— Fehlende Anerkennung der geleisteten Arbeit oder der erzielten (Zwischen-)Ergebnisse durch das Projektmanagement
— Durststrecken im Projekt
— Konflikte innerhalb der Projektbeteiligten, Übergehen oder Ignorieren einzelner Beteiligter
— Mangelhaftes Teamverständnis, Ignorieren der Teamregeln
— Schlechte Vergütung der eigenen Leistungen
— Kompetenzstreitigkeiten

Tab. 20: Grundsätzliche Motivationstipps

— Aufgabenpakete sollten immer so zugeschnitten sein, dass die Beteiligten oder Instanzen dadurch weder unter- noch überfordert werden.
— Kompetenzen und Schnittstellen müssen vorab geklärt und mitgeteilt oder dargestellt werden.
— Die Projektziele müssen allen Projektbeteiligten gleichermaßen vermittelt werden, es dürfen keine Missverständnisse offenbleiben.
— Der Projektmanager muss überzeugend vorleben, dass die gestellte Projektaufgabe nur gemeinsam zu meistern ist.
— Kein Mitglied des Projektteams sollte bevorzugt oder benachteiligt behandelt werden.
— Jede Art von Feedback, negativ wie positiv, ist wichtig. Es ist am wirksamsten, wenn es sofort gegeben wird.
— Positives Feedback, also Anerkennung und Lob, kann die Projektbeteiligten beflügeln.
— Auch der Projektleiter darf Entscheidungen oder Beschlüsse des Lenkungskreises im passenden Maße kundtun und damit Kooperation und Informationsaustausch vorleben.

Steuerung des Planungs- und Bauprozesses

PROJEKTPHASEN IN BAUPROJEKTEN

Projektprozesse

Einige übergeordnete Aufgaben der Projektleitung sind innerhalb beliebiger Projekte immer ähnlich; sie werden Projektprozesse genannt. > Tab. 21 Projektprozesse beschreiben die grundlegenden, notwendigen Leistungen des Projektmanagements.

Projektstufen

In Bauprojekten haben sich aus den grundlegenden Prozessen des Projektmanagements fünf sogenannte Projektstufen entwickelt, die alle Prozesselemente enthalten, aber die Besonderheiten bei der Planung und Errichtung von Bauwerken berücksichtigen. > Tab. 22

Projektprozesse und -stufen laufen nicht immer seriell hintereinander ab. > Tab. 8, Seite 29 Es kommt stattdessen, zum Beispiel in der Bauplanung, zu vielen parallelen Abläufen. > Abb. 17, Seite 32

Tab. 21: Grundlegende Prozesse in Projekten

1. Vorbereitende Aufgaben	Festlegen der Organisationsform, Abstimmung mit dem Bauherrn über den Projektauftrag (Lastenheft), Festlegung der Projektziele
2. Projektplanung	Differenzierte Ausarbeitung der Projektziele, Planung von Kosten und Terminen, Festlegen von Meilensteinen und anderen Rahmenbedingungen, Risiko- und Stakeholderanalyse
3. Projektsteuerung	Über die gesamte Projektlaufzeit: Besprechungswesen, Informationsverteilung, Vergleich der Ist-Daten mit den geplanten Daten
4. Projektcontrolling	Korrigierendes Eingreifen über die gesamte Projektlaufzeit beispielsweise bei Eintritt eines Risikos, bei Zielveränderungen oder Störungen (Terminproblemen, Kostenüberschreitungen)
5. Qualitätssicherung	Einhalten von Prüfprozessen, beispielsweise „Vier-Augen-Prinzip", Überprüfen der Zwischenergebnisse im Hinblick auf die Anforderungen aus dem Lastenheft
6. Projektabschluss	Abnahme und Übergabe an den Auftraggeber, ggf. noch Mängelbeseitigungen, Einführung des Betreibers, Übergabe der Dokumentation

Tab. 22: Projektstufen des Bauprojektmanagements

1	Projektvorbereitung
2	Planung (Vor-, Entwurfs- und Genehmigungsplanung)
3	Ausführungsvorbereitung (Ausführungsplanung, Ausschreibung und Vergabe)
4	Ausführung (Objektüberwachung)
5	Projektabschluss (Objektbetreuung und Dokumentation)

Stellt man die Projektstufen im Bauprojekt den Architektenleistungen gegenüber, erhält man, gemessen am zeitlichen Ablauf, eine erste Einschätzung der jeweiligen Projektbeteiligten. > Abb. 28

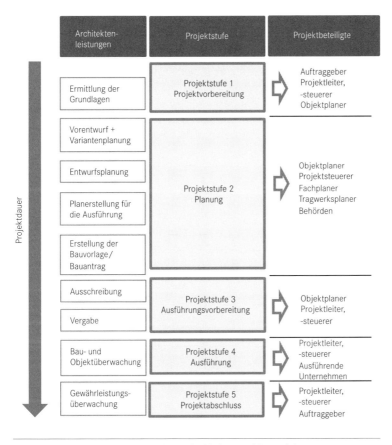

Abb. 28: Gegenüberstellung Projektphasen Architektur und Bauprojektmanagement

● **Beispiel**: Die Objektplanung des Architekten wird noch weiterentwickelt, während auf der Baustelle bereits gebaut wird. Während der Fortschreibung der Planung werden Abstimmungen zu Materialien und Ausführungsarten mit dem Bauherrn abgestimmt, woraus sich auch Änderungen für bereits festgelegte oder sogar ausgeführte Bauarbeiten ergeben können. Man spricht hier von der sogenannten „baubegleitenden Planung".

INSTRUMENTE

Um ein Bauprojekt erfolgreich zum Abschluss zu führen, benötigt der Projektleiter während der gesamten Projektlaufzeit Management-Instrumente. Diese können sehr vielseitig gestaltet und für jedes Bauprojekt oder für jeden Auftraggeber speziell angepasst werden. Einige grundlegende Instrumente werden im Folgenden vorgestellt.

Der Projektauftrag (Lastenheft)

Damit für die Projektbeteiligten gleiche Eingangsvoraussetzungen herrschen und sich jedes Teammitglied seiner Aufgaben bewusst ist, ist eine strukturierte und systematische Dokumentation bei Projektstart notwendig. Hierzu müssen insbesondere die Wünsche und Ziele des Auftraggebers festgehalten werden. Dazu bietet sich ein Dokument an, welches beispielsweise Checklistencharakter hat und alle notwendigen Parameter abfragt. Dieses Dokument heißt Projektauftrag oder Lastenheft. Es kann unterschiedlichste Darstellungsarten haben, oft werden die Lastenhefte vom Bauherrn vorgegeben. Inhaltlich sollten alle wesentlichen Einflussfaktoren darin vorkommen, damit das Projektteam seine Aufgaben und Arbeiten beginnen kann. > Tab. 23

Damit die Projektziele unmissverständlich und eindeutig formuliert werden und alle Beteiligten von den gleichen Voraussetzungen ausgehen können, sollte der Projektleiter das Lastenheft mit dem Auftraggeber oder Lenkungskreis abstimmen. Durch Unterschrift auf dem Projektauftrag legen sich dann Projektleiter und Auftraggeber auf die dokumentierten Ziele fest und bekräftigen die Verbindlichkeit.

Tab. 23: Muster Projektauftrag (Lastenheft)

Projektauftrag/Lastenheft	
Projekttitel	
Projektnummer:	
Projektgesamt-verantwortlicher:	
Projektart:	
1) Wo stehen wir? (Beschreibung der Ausgangssituation und des Projektkontextes)	
Ausgangssituation/Projektkontext:	
„Kunden-"Anforderungen:	
2) Warum verfolgen wir das Projekt?	
Nutzen/Wirkung/Strategie:	*Welchen Nutzen soll das Projekt haben?*
	Welche mittel- bis längerfristigen Wirkungen soll das Ziel haben?
	Welchen Beitrag leistet das Projekt zur Erreichung strategischer bzw. übergeordneter Zielsetzungen?

3) Was sind unsere Ziele?

Projektgesamtziel:	*Beschreibung des Gesamtziels in kurzen und knappen Worten*
Teilziele:	
— Teilziel 1:	*Benennung von messbaren Ergebnissen im Teilziel 1*
— Teilziel 2:	*Benennung von messbaren Ergebnissen im Teilziel 2*
— Teilziel 3:	*Benennung von messbaren Ergebnissen im Teilziel 3*
— Teilziel 4:	*Benennung von messbaren Ergebnissen im Teilziel 4*
— Teilziel 5:	*Benennung von messbaren Ergebnissen im Teilziel 5*
Nicht-Ziele und deren Inhalte:	*Was ist explizit nicht im Projekt enthalten?*

4) Welche? (Benennung der Projektrisiken und deren Gegenmaßnahmen)

Projektrisiken:	*Benennung von:*
	— *Terminrisiken*
	— *Kostenrisiken*
	— *Qualitätsrisiken*
	— *technischen Risiken*
	— *Auslastungsrisiken*
	— *Akzeptanzrisiken*
	— *...*
Gegenmaßnahmen:	

5) Wer? (Benennung aller am Projekt Beteiligten)

Projektleiter/-in:	*Name, Abteilung*	Projektauftraggeber/-in:	*Name, Abteilung*
Projektteammitglieder:	*Namen, Abteilungen*	Projektlenkungs-ausschuss: Ja: ☐ Nein: ☐	*Namen, Abteilungen*
„Kunde"/Auftraggeber:	*Firmenname und Anschrift* *Projektentscheider/-in Kunde:* *Name* *Projektmanager/-in Kunde:* *Name*		
Sonstige Beteiligte:	*z. B. externe und interne Beteiligte, die nicht direkt zum Projektteam gehören*		

6) Wie? (Benennung der Haupt- und Teilaufgaben und von deren Arbeitspaketen)

Hauptaufgabe	*Arbeitspaket Hauptaufgabe*
— Teilaufgabe 1	— *Arbeitspakete Teilaufgabe 1*
— Teilaufgabe 2	— *Arbeitspakete Teilaufgabe 2*
— Teilaufgabe 3	— *Arbeitspakete Teilaufgabe 3*
— Teilaufgabe 4	— *Arbeitspakete Teilaufgabe 4*
— Teilaufgabe 5	— *Arbeitspakete Teilaufgabe 5*

7) Wann? (Benennung von Terminen, Meilensteinen und wichtigen Ereignissen)

Projektstart:	*Datum*	Projektende:	*Datum*
Projektstartereignis:	*z. B. Grundsteinlegung*	Projektendereignis:	*z. B. Inbetriebnahme*

Meilensteine:	*— Meilenstein 1, einschl. Termin*
	— Meilenstein 2, einschl. Termin
	— Meilenstein 3, einschl. Termin
	— Meilenstein 4, einschl. Termin

8) Wieviel? (Benennung Projektbudget und dessen Wirtschaftlichkeit)

Personalaufwand:	*Anzahl der Beteiligten × Zeitaufwand = Summe Zeitaufwand*	
Summe Personalaufwand:	*Anzahl der Beteiligten × Zeitaufwand × Verrechnungssatz = Summe Kosten*	
Externe Aufwände:	*Projektmanagement*	*Summe der Kosten*
	Objektplanung	*Summe der Kosten*
	Fachplanung	*Summe der Kosten*
	Sonderfachleute	*Summe der Kosten*
Sonstige Ressourcen:	*Maschinen und Geräte*	*Summe der Kosten*
	Materialien	*Summe der Kosten*
Gesamtaufwand / Projektbudget	*Personalaufwand + externe Aufwände + sonstige Ressourcen = Summe*	
Projekteinnahmen / Wirtschaftlichkeit:	*Zu erwartende Einnahmen während und nach Abschluss des Projekts*	
Folgekosten nach Beendigung des Projekts:	*Ermittelte bzw. zu erwartende Folgekosten, soweit bekannt*	

9) In welcher Form? (Dokumentation)

Was? (Inhalt)	Wie? (Medium)	Wer? (Verantwortung)	An wen? (Zielgrupp / Adressat)	Wann und wie oft? (Zeitpunkt / Wiederholung)

Sonstige relevante Informationen:

Projektentscheidung:
☐ Das Projekt wird freigegeben.
☐ Der Projektauftrag soll überarbeitet werden.
Änderungen:
. . . .
. . . .
☐ Das Projekt wird abgelehnt.
Begründung:
. . . .
. . . .
. . . .
Ort, Datum: . . . .
. . . .
(Unterschrift Auftraggeber)
Ort, Datum: . . . .
. . . .
(Unterschrift Projektgesamtverantwortlicher)

Regelkreislauf Zielkontrolle

Die Festlegung von Zielgrößen durch den Bauherrn und den Projektmanager im Projektauftrag ist nur der erste Schritt. Die Zielorientierung muss regelmäßig während des gesamten Projektverlaufs kontrolliert werden. Bei auftretenden Abweichungen (Störungen) muss der Projektleiter einen Regelkreislauf aktivieren. > Abb. 29 Dieser Regelkreislauf besteht aus drei Komponenten:

1. Messen (Ursache)
2. Bewerten (Folgen)
3. Beurteilen (Auswirkungen)

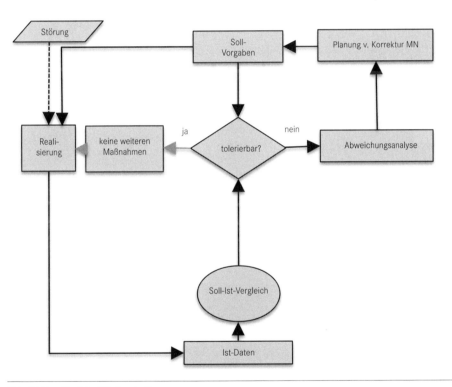

Abb. 29: Regelkreislauf Zielkontrollen

Verursacher / Risikosphäre	Ursache	Folgen	Auswirkungen
Auftraggeber	Grundstück steht nicht bereit	• Verzögerung Baubeginn • Verlängerung Projektdauer • Unterbrechung • Geänderter Bauablauf	• Verzögerung Baubeginn • Verlängerung Projektdauer • Unterbrechung • Geänderter Bauablauf

Abb. 30: Beispiel Störungsanalyse

Im ersten Schritt (Messen) sammelt der Projektleiter Ist-Daten aus dem laufenden Prozess und vergleicht diese im zweiten Schritt in der Bewertung mit den Soll-Werten. Differenzen zwischen Ist- und Soll-Daten werden einem Verursacher bzw. einer Risikosphäre zugewiesen. Im dritten Schritt muss beurteilt werden, ob tatsächlich Abweichungen bestehen und wie hiermit umzugehen ist. > Abb. 30

Der Projektstrukturplan (PSP)

Der Projektstrukturplan ist für den Projektleiter ein Hauptinstrument für Planung, Durchführung und Kontrolle des Bauprojektes. > Abb. 31 Er dient der Präzisierung und Detaillierung der Projektdefinition aus planerischer Sicht. Die Projektziele sind vom Projektleiter in Teilaufgaben zu zergliedern. Aus diesen Teilaufgaben ergeben sich dann Arbeitspakete als kleinste Elemente eines Projektstrukturplans. Sie bestehen aus vielen Einzelaufgaben, die von Projektbeteiligten zu erfüllen sind. Zur Planung der Arbeitspakete gibt es einige Grundvoraussetzungen und Fragestellungen:

1. Ein Arbeitspaket sollte minimal 15 und maximal 150 Personentage umfassen.
2. Wer zeichnet verantwortlich für die einzelnen Arbeitspaketergebnisse?
3. Wer muss bei der Bearbeitung der jeweiligen Arbeitspakete beteiligt werden?
4. Wie viel Zeit braucht die Umsetzung eines Arbeitspaketes?

Der Projektleiter muss also die einzelnen Teilaufgaben der Arbeitspakete mit einem geschätzten Zeitaufwand beziffern und Verantwortlichkeiten zuteilen. Bei internen Projektbeteiligten muss der Projektleiter ggf. in Abstimmung mit Linienverantwortlichen klären, welche Person die Bearbeitung des Arbeitspakets oder der Teilaufgabe leisten kann.

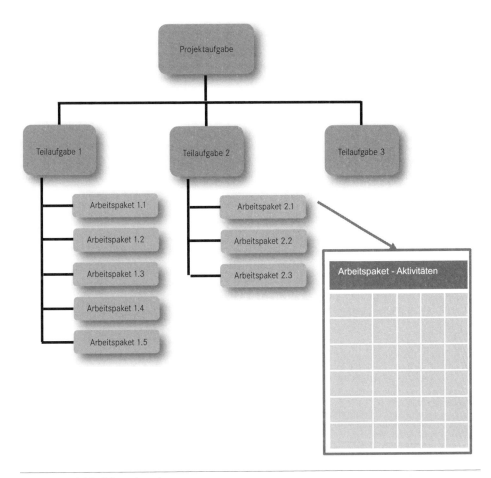

Abb. 31: Beispiel Projektstrukturplan

Balkendiagramm (Gantt-Plan)

Aus dem Projektstrukturplan kann der Projektmanager dann Abhän-
gigkeiten bestimmen und Zeitdauern ablesen. Die Ergebnisse finden Ein-
gang in einen Termin- oder Ablaufplan als <u>Balkendiagramm bzw. Gantt-
Diagramm</u>. > Abb. 32   ○

○ **Hinweis**: Der Name Gantt-Diagramm leitet sich vom
amerikanischen Maschinenbauer Henry Laurence Gantt
(1861–1919) ab, der diese Darstellung für Maschinen-
belegungen und Folgeplanungen verwendete. Dieser
Name ist noch immer für die Bezeichnung eines Balken-
diagramms geläufig.

#	Titel	Erwarteter Start	Erwartetes Ende	Q3 09	Q4 / 2017 10	11	12	Q1 / 2018 01	02	03	Q2 / 2018 04	05	06	Q3 / 2018 07	08	09	Q4 10
0	GU Vergabe	29.11.17	05.10.18	GU Vergabe													
1	Administration	29.11.17	20.04.18	Administration	4,8 Monate					BBP Ingenieure							
9	Leistungsbeginn	20.04.18	20.04.18					Leistungsbeginn									
10	Gremienentscheide	23.01.18	22.03.18				Gremienentscheide	2,05 Monate	Stadtrat								
14	Projektvorbereitung	23.04.18	05.10.18					Projektvorbereitung				5,85 Monate					
30	GU beauftragt	05.10.18	05.10.18											GU beauftragt		

Abb. 32: Beispiel Balkendiagramm

Im Balkenplan werden die Arbeitspakete in ihrer zeitlichen Folge ab-gebildet und ständig aktualisiert, ergänzt und fortgeschrieben. Diese Ter-minplanaktivitäten der Projektleitung zur Steuerung des Bauprojekts ver-ändern sich während des Projektverlaufs und werden teilweise in speziellen und detaillierteren Balkendiagrammen anderer Projektbetei-ligter ausgearbeitet. > Abb. 33

Werden Abweichungen zwischen diesen Balkendiagrammen als Dif-ferenz von Soll- und Ist-Terminen dargestellt, kann der Projektleiter Ver-zögerungen oder Beschleunigungen im Projektablauf unmittelbar erken-nen.

Meilensteine

In die Zeitplanung sollte der Projektleiter sogenannte Meilensteine integrieren. Sie stehen für Informationszäsuren im Projekt oder für Stel-len, die im Projektverlauf besonders kritisch sind, wie z. B. die Einreichung eines Bauantrags oder die Bezugsfertigkeit eines Bauabschnittes. Mei-lensteine haben grundsätzlich keine Dauer, sie stehen meistens für das Erreichen von Teilzielen am Ende terminierter Vorgänge (Balken) und sind somit Startpunkte für Folgetätigkeiten.

● **Beispiel**: Der Projektmanager erstellt und pflegt einen Steuerungsterminplan für die Bauausführung als Grobterminplan. Dabei berücksichtigt er beispielsweise Zwangspunkte oder Zielvorgaben des Lenkungsaus-schusses, ohne detailliert auf genaue Bautätigkeiten einzugehen. Aus diesem Plan erstellt der Bauleiter einen detaillierten Bauablaufplan unter Einhaltung sämtlicher Rahmenbedingungen des Steuerungsplans. Störungen, Veränderungen, Verzögerungen oder Zeit-gewinne im Bauablauf werden von der Bauleitung im Bauablaufplan dokumentiert und gesteuert. In den Baubesprechungen werden solche Änderungen an den Projektleiter kommuniziert, der daraufhin den Steue-rungsterminplan anpasst und eventuelle Terminaus-wirkungen an den Lenkungsausschuss oder den Auftraggeber weiterleitet.

○ **Hinweis**: Bei aufwendigen, großen und damit unüber-sichtlichen Balkendiagrammen kann der Projektleiter sogenannte Meilensteinpläne erzeugen. In dieser Ansicht werden terminierte Vorgänge ausgeblendet und nur Meilensteine dargestellt. Auf diese Weise können sich der Projektmanager und das Projektteam einen schnellen, groben Überblick über den aktuellen Projektstand verschaffen.

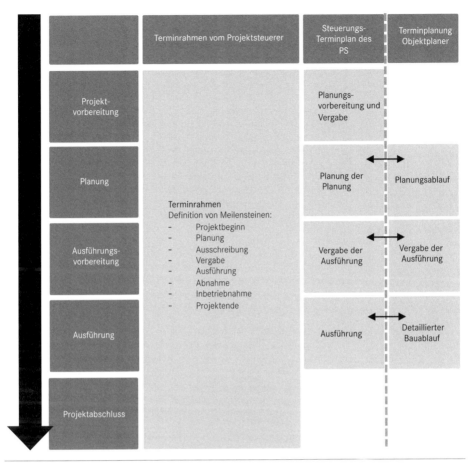

Abb. 33: Terminplanaktivitäten am Bauprojekt

Nutzerbedarfsprogramm

Zu Projektbeginn muss mit dem Bauherrn anhand seines Nutzungs-
konzeptes und seiner definierten Projektziele des Bauprojekts ein Nutzerbedarfsprogramm erarbeitet werden. Das wird im Regelfall vom Architekten geleistet. Wenn aber in frühen Projektstadien noch kein
Objektplaner zum Projektteam gehört, ist die Erstellung Aufgabe des
Projektmanagers.

Das Nutzerbedarfsprogramm bildet die Grundlage für die Planung
und Ausführung und beschreibt die Projektziele des Bauherrn in der Form
funktionaler Anforderungen an das Gebäude. > Abb. 34 Die Entscheidung
über den Standort der zu errichtenden Immobilie bildet eine wichtige Vo-
raussetzung für die Projektentwicklung. Folgende Rahmenbedingungen
sollte ein Nutzerbedarfsprogramm beispielsweise berücksichtigen:

- Lokale und topografische Umstände
- Zeitliche Rahmenbedingungen
- Räumliche Anforderungen
- Umweltschutzaspekte
- Arbeitsschutzauflagen
- Abwasser-, Regenwasser-, Schmutzwasserableitung
- Elektrische Stromversorgung
- Öffentliches Bauplanungs- und Bauordnungsrecht

Machbarkeitsstudie Die Ausarbeitung wird weiter durch Raum-, Flächen- und Anlagenbedarfsermittlungen präzisiert. Um die optimale Bebaubarkeit und Eignung des vorgesehenen Grundstücks zu prüfen und zu sichern, sollten Makro- und Mikroanalysen durchgeführt und die Bedeutung der Region und der Lage erfasst werden. Der Projektleiter muss die Ergebnisse dieser Machbarkeitsstudie auf Plausibilität und Übereinstimmung mit den Projektzielen prüfen.

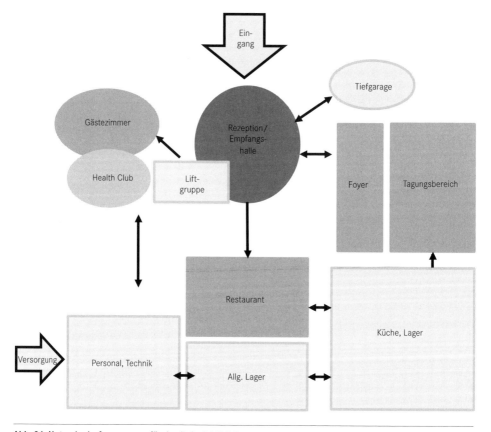

Abb. 34: Nutzerbedarfsprogramm für das Beispiel Hotel

PROJEKTLEITUNGSAUFGABEN AM BAUPROJEKT

Handlungsbereiche

Der Projektmanager muss generell Querschnittsaufgaben erfüllen und damit Leistungen im Projekt und in der Organisation erbringen, die sich über alle Projektphasen erstrecken. Diese Querschnittsaufgaben werden „Handlungsbereiche" oder „Handlungsfelder" genannt. In Bauprojekten unterscheidet man insgesamt fünf Aufgabenfelder. > Abb. 35

Die Inhalte der einzelnen Handlungsfelder verändern sich im Laufe des Projektfortschritts. > Abb. 36–40 Beispielsweise müssen in der Phase der Projektvorbereitung von der Projektleitung Verträge mit dem Planungsteam (Architekten, Fachplaner, Gutachter usw.) verhandelt und abgeschlossen werden. Im späteren Verlauf (Ausführungsvorbereitung, Ausführung) muss der Projektmanager mit Unterstützung des Architekten Verträge mit Baufirmen schließen und über Vertragsanpassungen (nachträgliche, zusätzliche oder geänderte Leistungen) entscheiden. Zum Projektabschluss müssen die vertraglich vereinbarten Leistungen abgenommen und die Schlussrechnungen überprüft und freigegeben werden.

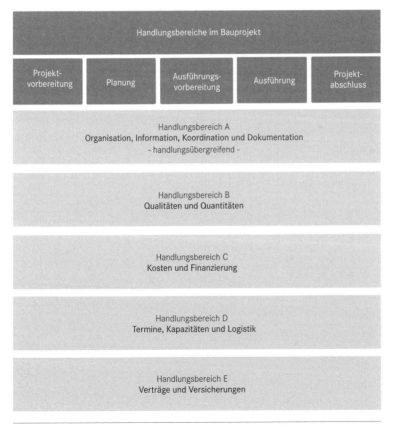

Abb. 35: Handlungsbereiche des Projektmanagements im Bauprojekt

A	Organisation, Information, Koordination, Dokumentation
Projekt-vorbereitung	- die Planung der Planung abstimmen - Informations- und Berichtswesen abstimmen - Festlegen der Projektziele und Projektbeteiligten - Organisationshandbuch für Bau
Planung	
Ausführungs-vorbereitung	- die Grundlagen der Planung analysieren und bewerten - Informations- und Berichtswesen umsetzen - Projektziele und -vorgaben laufend fortschreiben - Entscheidungs- und Änderungsmanagement umsetzen - Risikomanagement
Ausführung	
Projektabschluss	- Inbetriebnahme/ Abnahme organisieren - Organisationshandbuch für den Betrieb - Projektdokumentation - Entscheidungs-, Änderungs- und Risikomanagement abschließen

Abb. 36: Zusammenfassung Leistungen Bereich A

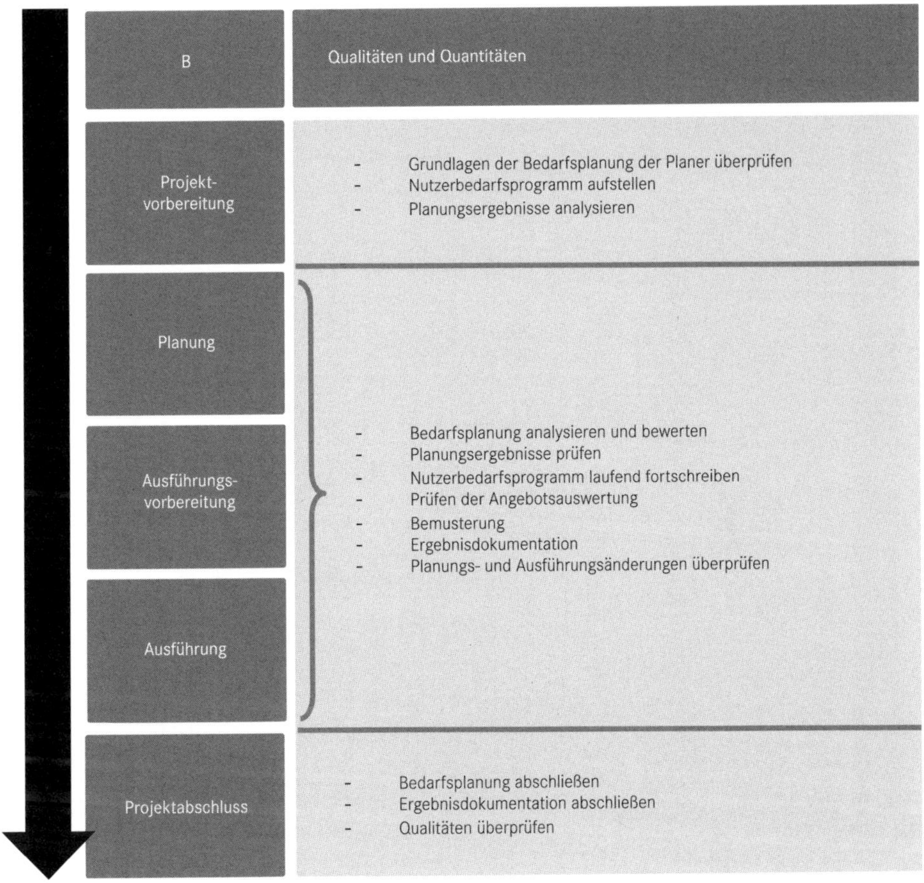

B	Qualitäten und Quantitäten
Projektvorbereitung	- Grundlagen der Bedarfsplanung der Planer überprüfen - Nutzerbedarfsprogramm aufstellen - Planungsergebnisse analysieren
Planung	
Ausführungsvorbereitung	- Bedarfsplanung analysieren und bewerten - Planungsergebnisse prüfen - Nutzerbedarfsprogramm laufend fortschreiben - Prüfen der Angebotsauswertung - Bemusterung - Ergebnisdokumentation - Planungs- und Ausführungsänderungen überprüfen
Ausführung	
Projektabschluss	- Bedarfsplanung abschließen - Ergebnisdokumentation abschließen - Qualitäten überprüfen

Abb. 37: Zusammenfassung Leistungen Bereich B

C	Kosten und Finanzierung
Projekt-vorbereitung	- Kostenrahmen für Investitions- und Nutzungskosten aufstellen - projektspezifische Kostenverfolgung einrichten - Mittelbedarfs- und Abflussplanung
Planung	- Kostenschätzung/-berechnung überprüfen - Ggf. Kostensteuerung bei Projektzielgefährdung - Prüfen der Rechnungen der Planer - projektspezifische Kostenverfolgung fortschreiben
Ausführungs-vorbereitung	- Vergabe-Soll-Werte überprüfen - Kostensteuerung - Mittelbedarfs- und Abflussplanung
Ausführung	- Deckungsbestätigungen prüfen - Rechnungen der ausführenden Unternehmen prüfen - projektspezifische Kostenverfolgung fortschreiben - Kostensteuerung
Projektabschluss	- Kostenfeststellung prüfen - Rechnungsprüfung abschließen - Baunutzungskosten überprüfen

Abb. 38: Zusammenfassung Leistungen Bereich C

D	Termine und Kapazitäten
Projekt-vorbereitung	- Terminrahmen erstellen - Steuerungsterminplan für das Gesamtprojekt aufstellen - Vertragstermine für die Planung festlegen
Planung	- Terminrahmen fortschreiben - Steuerungsterminplan für das Gesamtprojekt fortschreiben - Steuerungsterminplan phasenweise differenzieren - Ablauf der Planung überprüfen
Ausführungs-vorbereitung	- Terminrahmen fortschreiben - Steuerungsterminplan für das Gesamtprojekt fortschreiben - Steuerungsterminplan phasenweise differenzieren - Vertragstermine für die Ausführung festlegen
Ausführung	- Terminrahmen fortschreiben - Steuerungsterminplan für das Gesamtprojekt fortschreiben - Steuerungsterminplan phasenweise differenzieren - Ablauf der Ausführung überprüfen
Projektabschluss	- Abnahme und Inbetriebnahme steuern und terminieren

Abb. 39: Zusammenfassung Leistungen Bereich D

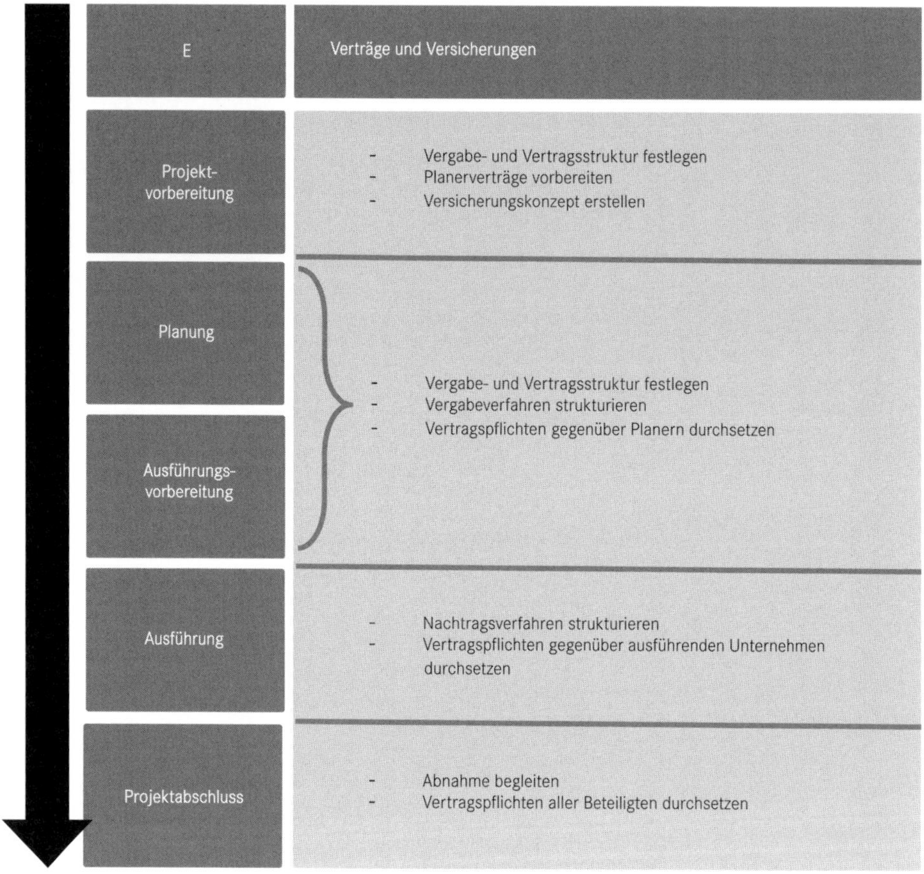

E	Verträge und Versicherungen

Projekt- vorbereitung	– Vergabe- und Vertragsstruktur festlegen – Planerverträge vorbereiten – Versicherungskonzept erstellen
Planung Ausführungs- vorbereitung	– Vergabe- und Vertragsstruktur festlegen – Vergabeverfahren strukturieren – Vertragspflichten gegenüber Planern durchsetzen
Ausführung	– Nachtragsverfahren strukturieren – Vertragspflichten gegenüber ausführenden Unternehmen durchsetzen
Projektabschluss	– Abnahme begleiten – Vertragspflichten aller Beteiligten durchsetzen

Abb. 40: Zusammenfassung Leistungen Bereich E

Es ist nicht immer notwendig, dass ein Projektmanager alle Leistungen aus allen Handlungsfeldern erbringt. So kann der Auftraggeber mit eigenen Fachabteilungen zuarbeiten oder ganze Aufgabenbereiche wie (z. B. Terminplanung) selbst übernehmen. Die Aufteilung der Leistungen bzw. der konkrete Inhalt des Projektmanagementauftrags muss vorher abgestimmt werden. Mit Hilfe einer detaillierten Aufstellung sollten die konkreten Aufgaben in den Projektmanagementvertrag übernommen werden. > Tab. 24

Tab. 24: Leistungsübersicht Bauprojektmanagement

A Organisation, Information, Koordination und Dokumentation		Projektstufe				
Übliche Leistungsinhalte im Bauprojekt		1	2	3	4	5
1.	Entwickeln, Abstimmen und Dokumentieren der projektspezifischen Organisationsvorgaben mit Projektstrukturplanung und Fortschreibung	■				
2.	Entwickeln und Abstimmen der Grundlagen für die Planung der Planung	■				
3.	Mitwirken bei der Festlegung der Projektziele und der Dokumentation der Projektvorgaben und deren Fortschreibung	■				
4.	Ausarbeiten und Abstimmen der Kommunikationsstruktur des Informations-, Berichts- und Protokollwesens, Überprüfen und Umsetzen der Kommunikationsstruktur sowie regelmäßiges Abstimmen mit dem Auftraggeber	■				
5.	Ausarbeiten und Abstimmen des Entscheidungsmanagements	■				
6.	Ausarbeiten und Abstimmen des Änderungsmanagements	■				
7.	Mitwirken beim Risikomanagement	■				
8.	Mitwirken bei der Auswahl eines Projektkommunikationssystems und Analysieren und Bewerten der ordnungsgemäßen Nutzung des Projektkommunikationssystems durch die Projektbeteiligten; Organisieren des Abschlusses des Projektkommunikationssystems	■				
9.	Analysieren und Bewerten der Planungsprozesse auf Konformität mit den vorgegebenen Projektzielen		■			
10.	Analysieren und Bewerten der Koordinationsleistungen des Objektplaners/ der Objektüberwachung		■			
11.	Mitwirken beim Einholen der behördlichen Genehmigungen		■			
12.	Unterstützen des Auftraggebers bei der Einleitung von selbstständigen Beweisverfahren				■	
13.	Mitwirken bei der organisatorischen und administrativen Konzeption sowie der Durchführung der Übergabe/Übernahme bzw. Inbetriebnahme/ Nutzung					■
14.	Veranlassen der systematischen Zusammenstellung und Archivierung der Projektdokumentation					■
15.	Überprüfen der Zusammenstellung von Dokumentationsunterlagen durch die Planungsbeteiligten					■
16.	Koordination von speziellen Organisationseinheiten des Auftraggebers		■			
17.	Einrichten und Betreiben eines eigenen Projektkommunikationssystems und dessen Abschluss		■			

A Organisation, Information, Koordination und Dokumentation — Projektstufe

Übliche Leistungsinhalte im Bauprojekt	1	2	3	4	5
18. Erstellen der aufbau- und ablauforganisatorischen Grundlagen zur Planung; übergreifende Überwachung und Steuerung von mehreren verknüpften Projekten	■				
19. Konzipieren, Vorbereiten, Abstimmen und Umsetzen von Risikomanagementsystemen mit besonderen Anforderungen		■	▨	▨	
20. Mitwirken bei den Vorbereitungen besonderer behördlicher Genehmigungsverfahren	■				
21. Erstellen eines Konzepts zur Erfassung aller betroffenen Dritten und der relevanten Öffentlichkeit sowie deren Beteiligung am weiteren Projektablauf	■				
22. Vertreten der Planungskonzeption gegenüber der Öffentlichkeit unter besonderen Anforderungen und Zielsetzung sowie bei mehr als fünf Erläuterungs- oder Erörterungsterminen		■			
23. Mitwirken bei der Einbeziehung zu beteiligender Dritter und der Öffentlichkeit bei der weiteren Projektrealisierung			■	▨	
24. Koordinieren besonderer Anforderungen an Betreiber-/Nutzerorganisation			■		
25. Organisatorisches und baufachliches Unterstützen bei Gerichtsverfahren			■		
26. Prüfen der Projektdokumentation durch die fachlich Beteiligten				■	

B Qualitäten und Quantitäten — Projektstufe

Übliche Leistungen im Bauprojekt	1	2	3	4	5
1. Überprüfen der bestehenden Grundlagen zur Bedarfsplanung auf Vollständigkeit und Plausibilität	■				
2. Mitwirken bei der Klärung der Standortfragen, bei der Beschaffung der standortrelevanten Unterlagen und der Grundstücksbeurteilung hinsichtlich Nutzung in privatrechtlicher und öffentlich-rechtlicher Hinsicht	■				
3. Überprüfen der Ergebnisse der Grundlagenermittlung durch die Planungsbeteiligten	■				
4. Analysieren und Bewerten der Leistungen bzw. Planungsergebnisse der Planungsbeteiligten hinsichtlich Konformität mit den vorgegebenen Projektzielen		■	▨		
5. Steuerung der Planung der Bemusterung und Mitwirkung bei der Bemusterung		■	▨		
6. Überprüfen der Ergebnisdokumentation durch die Planungsbeteiligten zu den einzelnen Leistungsphasen der Planung		■			
7. Überprüfen der von den Planungsbeteiligten erstellten Angebotsauswertungen und Vergabevorschläge			■		
8. Überprüfen der unmittelbaren und mittelbaren Auswirkungen von Nebenangeboten auf Konformität mit den vorgegebenen Projektzielen			■		
9. Analysieren und Bewerten der Leistungen der Objektüberwachung sowie Erarbeiten und Abstimmen von Anpassungsmaßnahmen bei Gefährdung von Projektzielen				■	
10. Anlassbezogenes örtliches Überprüfen der Leistungen der Objektüberwachung				■	
11. Analysieren und Bewerten der Auflistung der Verjährungsfristen für Mängelansprüche					■

C Kosten und Finanzierung

Übliche Leistungen im Bauprojekt	1	2	3	4	5
1. Mitwirken bei der Erstellung des Kostenrahmens für Investitionskosten und Nutzungskosten	■				
2. Mitwirken bei der Ermittlung und Beantragung von Investitions- und Fördermitteln	■				
3. Überprüfen der Kostenschätzung und -berechnung durch die Objekt- und Fachplaner sowie Veranlassen erforderlicher Anpassungsmaßnahmen		■			
4. Kostensteuerung zur Einhaltung der Kostenziele				■	
5. Planen von Mittelbedarf und Mittelabfluss		■	■		
6. Prüfen und Freigabevorschläge bzgl. der Rechnungen der Planungsbeteiligten zur Zahlung	■	■	■	■	
7. Abstimmen, Einrichten und Fortschreiben der projektspezifischen Kostenverfolgung	■	■	■	■	
8. Überprüfen der von den Planungsbeteiligten auf der Grundlage bepreister Leistungsverzeichnisse erstellten Kostenermittlungen			■		
9. Überprüfen der Angebotsauswertung im Hinblick auf die Angemessenheit der Preise			■		
10. Vorgeben der Deckungsbestätigung für Nachträge				■	
11. Kostensteuerung unter Berücksichtigung der Angebotsprüfungen und Kostenvergleiche durch die Planungsbeteiligten			■		
12. Überprüfen und Freigabevorschläge bzgl. der Rechnungsprüfung der Objektüberwachung zur Zahlung an ausführende Unternehmen				■	■
13. Überprüfen der Kostenfeststellung durch die Objekt- und Fachplaner					■

D Termine, Kapazitäten und Logistik

Übliche Leistungen im Bauprojekt	1	2	3	4	5
1. Aufstellen, Abstimmen und Fortschreiben des Terminrahmens	■	■	■	■	
2. Aufstellen und Abstimmen des Steuerungsterminplans für das Gesamtprojekt (Planungs- und Bauablauf) und Ableiten des Kapazitätsrahmens sowie Fortschreibung unter Berücksichtigung des Terminplans der Planungsbeteiligten für den Planungs- und Bauablauf	■	■	■	■	
3. Erfassen logistischer Einflussgrößen unter Berücksichtigung relevanter Standort- und Rahmenbedingungen sowie Mitwirken bei deren Aktualisierung	■	■			
4. Überprüfen des Terminplans der Planungsbeteiligten für den Planungs- und Bauablauf, insbesondere im Hinblick auf Einhaltung des Terminrahmens		■		■	
5. Terminsteuerung der Planung einschl. Analyse und Bewertung der Terminfortschreibungen durch die Planungsbeteiligten		■			
6. Aufstellen und Abstimmen des Terminrahmens zur Integration des strategischen Facility Managements		■			
7. Überprüfen der Vergabeterminplanung der Planungsbeteiligten			■		
8. Überprüfen der vorliegenden Angebote im Hinblick auf vorgegebene Terminziele			■		
9. Terminsteuerung mit Soll-Ist-Vergleichen betreffend Ausführungsplanung sowie Vorbereitung und Durchführung der Vergabe			■		

D Termine, Kapazitäten und Logistik — Projektstufe

Übliche Leistungen im Bauprojekt	1	2	3	4	5
10. Mitwirkung bei der Aktualisierung und Prüfung der Entwicklung der logistischen Einflussgrößen		■			
11. Terminsteuerung der Ausführung unter Berücksichtigung der Objektüberwachungsleistungen				■	
12. Steuern der Inbetriebnahme, Abnahme und Übergabe					■

E Verträge und Versicherungen — Projektstufe

Übliche Leistungen im Bauprojekt	1	2	3	4	5
1. Mitwirken bei der Erstellung einer Vergabe- und Vertragsstruktur für das Gesamtprojekt	■				
2. Vorbereiten und Abstimmen der Inhalte der Planerverträge	■				
3. Mitwirken bei der Auswahl der zu Beteiligenden, bei Verhandlungen und Vorbereitungen der Beauftragungen	■				
4. Vorschlagen der Vertragstermine und -fristen für die Planerverträge	■				
5. Mitwirken bei der Erstellung eines Versicherungskonzepts für das Gesamtprojekt sowie dessen Umsetzung	■	▨			
6. Mitwirken bei der Durchsetzung von Vertragspflichten gegenüber den Beteiligten	■	▨	▨	▨	
7. Mitwirken bei der Strukturierung des Vergabeverfahrens			■		
8. Überprüfen der Vertragsunterlagen für die Vergabeeinheiten auf Vollständigkeit und Plausibilität sowie Freigabe zum Versand			■		
9. Mitwirken bei den Vergabeverhandlungen bis zur Unterschriftsreife			■		
10. Mitwirken bei der Vorgabe der Vertragstermine und -fristen für die besonderen Vertragsbedingungen der Ausführungs- und Lieferleistungen			■		
11. Unterstützen des Auftraggebers bei der Abwendung von Forderungen Dritter (Nachbarn, Bürgerinitiativen etc.)				■	
12. Überprüfen der Nachtragsprüfungen durch die Objektüberwachung und Mitwirken bei der Beauftragung				■	
13. Mitwirken bei der Abnahmevorbereitung sowie bei der Durchführung der Abnahme und Inbetriebnahme				■	
14. Mitwirken bei der rechtsgeschäftlichen Abnahme der Planungsleistungen					■

■ Erstmalig / Hauptleistung

▨ Fortführung / Folgeleistung

Schlusswort

Die Notwendigkeit und der Umfang des Projektmanagements in Bauprojekten wird oftmals unterschätzt. Bei vielen Bauvorhaben werden diese Managementaufgaben dem Architekten oder später der Bauleitung übertragen, weil diese Beteiligten zusammen alle Phasen des Bauprojekts begleiten.

Doch die Aufgabenfelder der Architektur und des Projektmanagements haben nur eine geringfügige Schnittmenge und diese findet sich auch nur für Teilprozesse eines Gesamtprojekts. Um die Projektziele aus Kosten, Terminen und Qualitäten einzuhalten, ist deshalb ein Bauprojektmanager, der den Gesamtüberblick über das Bauprojekt hat, unerlässlich.

Neue digitale Technologien wie BIM (Building Information Modeling) verändern nicht nur das eigentliche Planen und Bauen, sondern auch die Methoden des Projektmanagements. Durch die Verknüpfung von Qualitäten, Kosten und Terminen im Modell werden Auswirkungen von Änderungen direkt aufgezeigt und dokumentiert. Ausschreibungen erfolgen durch Modellübergabe, anschließend wird das digitale Gebäudemodell Grundlage der Verträge.

Die Werkzeuge verändern sich, aber die Kernaufgabe des Projektmanagements im Bauwesen bleibt bestehen: Das Führen aller Projektbeteiligten zur sicheren Erreichung der Projektziele.

Anhang

LITERATUR

AHO e. V. (Hrsg.): *Projektmanagementleistungen in der Bau- und Immobilienwirtschaft – Leistungsbild und Honorierung*, 4. Auflage, Bundesanzeiger Verlag, Köln 2014

Ahrens, H., Bastian, K., Muchowski, L.: *Handbuch Projektsteuerung – Baumanagement. Ein praxisorientierter Leitfaden mit zahlreichen Hilfsmitteln und Arbeitsunterlagen auf CD-ROM*, 5. Auflage, Fraunhofer IRB Verlag, Stuttgart 2014

Bielefeld, B. (Hrsg.): *Basics Projektmanagement Architektur*, Birkhäuser Verlag, Basel 2013

Bielefeld, B., Schneider, R.: *Basics Kostenplanung*, Birkhäuser Verlag, Basel 2017

Bielefeld, B.: *Basics Terminplanung*, Birkhäuser Verlag, Basel 2018

DeMarco, T.: *Der Termin: Ein Roman über Projektmanagement*, Carl Hanser Verlag, München 2007

Diederichs, C. J.: *Immobilienmanagement im Lebenszyklus. Projektentwicklung, Projektmanagement, Facility Management, Immobilienbewertung*, 2. Auflage, Springer Verlag, Berlin, Heidelberg 2005

Eschenbruch, K: *Projektmanagement und Projektsteuerung für die Immobilien- und Bauwirtschaft*, 5. Auflage, Werner Verlag, Köln 2019

Greiner, P.: *Baubetriebslehre - Projektmanagement: Erfolgreiche Steuerung von Bauprojekten*, 4. Auflage, Vieweg+Teubner Verlag, Wiesbaden 2009

Kapellmann, K.: *Juristisches Projektmanagement. Entwicklung und Realisierung von Bauprojekten*, 2. Auflage, Werner Verlag, Köln 2007

Kochendörfer, B., Liebchen, J., Viering, M.: *Bau-Projekt-Management. Grundlagen und Vorgehensweisen*, 5. Auflage, Springer Vieweg Verlag, Wiesbaden 2018

Litke, H., Kunow, I., Schulz-Wimmer, H.: *Projektmanagement*, 3. Auflage, Haufe Verlag, Freiburg im Breisgau 2015

Preußig, J.: *Agiles Projektmanagement: Scrum, Use Cases, Task Boards & Co.*, 2. Auflage, Haufe Verlag, Freiburg im Breisgau 2018

Sommer, H.: *Projektmanagement im Hochbau. Mit BIM und LEAN Management*, 4. Auflage, Springer Vieweg, Berlin, Heidelberg 2016

BILDNACHWEIS

Abb. 16 und 65 angelehnt an AHO e. V. (Hrsg.): *Projektmanagement-leistungen in der Bau- und Immobilienwirtschaft – Leistungsbild und Honorierung*, 4. Auflage, Bundesanzeiger Verlag, Köln 2014

Abb. 19 angelehnt an Barta, H.: *Zivilrecht: Grundriss und Einführung in das Rechtsdenken*, https://www.uibk.ac.at/zivilrecht/buch/kap13_0.xml?section=1;section-view=true (Stand: 31.01.2019)

DER AUTOR

Dipl.-Ing. Pecco Becker ist Beratender Bauingenieur und geschäftsführender Partner im Büro BBP Ingenieure (Dortmund und Hamburg).

Konzept: Bert Bielefeld, Annette Gref

Lektorat: Annette Gref, Sarah Schwarz

Projektkoordination: Silke Martini

Herstellung: Bettina Chang

Layout und Covergestaltung: Andreas Hidber

Satz: Sven Schrape

Papier: MultiOffset, 120 g/m²
Druck: Druckhaus Nomos, Sinzheim

Library of Congress Control Number:
2019933087

Bibliografische Information der Deutschen
Nationalbibliothek
Die Deutsche Nationalbibliothek verzeichnet
diese Publikation in der Deutschen Nationalbib-
liografie; detaillierte bibliografische Daten sind
im Internet über http://dnb.dnb.de abrufbar.

ISBN 978-3-0356-1695-8
e-ISBN (PDF) 978-3-0356-1693-4
e-ISBN (EPUB) 978-3-0356-1696-5
Englisch Print-ISBN 978-3-0356-1666-8

© 2019 Birkhäuser Verlag GmbH, Basel
Postfach 44, 4009 Basel, Schweiz
Ein Unternehmen der Walter de Gruyter GmbH,
Berlin/Boston

9 8 7 6 5 4 3 2 1
www.birkhauser.com